# 高中卷

# 鲁迅青少年文学奖

## 佳作选

总策划 —— 周令飞　仲立新
主　编 —— 徐建华

文汇出版社

图书在版编目（CIP）数据

鲁迅青少年文学奖佳作选. 高中卷 / 徐建华主编
. — 上海：文汇出版社，2018.6
 ISBN 978－7－5496－2605－2

Ⅰ. ①鲁… Ⅱ. ①徐… Ⅲ. ①中国文学—当代文学—作品综合集 Ⅳ. ①I217.1

中国版本图书馆CIP数据核字(2018)第108757号

## 鲁迅青少年文学奖佳作选（高中卷）

总 策 划 / 周令飞　仲立新
主　　编 / 徐建华
责任编辑 / 吴　华
插　　图 / 郑　敏
摄　　影 / 陆嘉榕
封面装帧 / 王　翔

出 版 人 / 桂国强

出版发行 / 文汇出版社
　　　　　上海市威海路755号
　　　　　（邮政编码200041）
经　　销 / 全国新华书店
排　　版 / 南京展望文化发展有限公司
印刷装订 / 上海宝山译文印刷厂
版　　次 / 2018年6月第1版
印　　次 / 2018年6月第1次印刷
开　　本 / 720×960　1/16
字　　数 / 250千字
印　　张 / 18.5

ISBN 978－7－5496－2605－2
定　　价 / 35.00元

**编委会** 总策划 周令飞 仲立新
主 编 徐建华
副主编 张 涛 江林新

**编 委** 周俊峰 赵晓军 胡思华
周 慰 柳 琴 魏小潭

# 序

今年是鲁迅青少年文学奖设立的第十个年头,每年有100多万名的海内外青少年学生参加,已然成为青少年文学交流的一大盛事。

"鲁迅青少年文学奖"活动的宗旨是:尊重母语、学习语文、独立思考、培养韧性。这不仅仅是一次文学的赛事,更是青少年成长历程中培养健康人格的锻炼平台,大家在写作中去磨炼坚韧的意志,培养自己独立的批判眼光,养成热爱生活、积极向上的人生态度。

鲁迅先生是中国20世纪最有代表性的作家,他为我们留下了1 000多万字的著述,首开白话小说创作的先河,译介了许多国外经典,撰写了大量的杂感文章,在当时乃至现在都产生了巨大的影响;在思想上,他揭露社会的黑暗腐朽,批判国民的劣根性;他大声疾呼精神界战士,建立"人国";他是中国人精神上的良医,每当我们感受到这样那样的社会病痛,寻求破解良方的时候,都能从先生那里获得启示。

鲁迅曾说过:"青年们先可以将中国变成一个有声的中国。大胆地说话,勇敢地进行,忘掉一切利害,推开了古人,将自己的真心话发表出来。"

他的理想,至今影响着我们广大的中小学生、教师及家长,为大家所认可。当年鲁迅先生希望中国人有理想的生活,有理想的社会,有理想的国民性。

习近平总书记2014年曾在文艺工作座谈会上指出,应该用现实主义精神和浪漫主义情怀观照现实生活,用光明驱散黑暗,用美善战胜丑恶,让人们看到美好、看到希望、看到梦想就在前方。

让人欣喜的是，习总书记所强调的创作方向，以及鲁迅先生所倡导的理想，在同学们的参赛作文中都得到了很好的体现。许多同学把关注的目光对准当下社会的方方面面，有自己独立的观点和思考，有批评，有赞扬，有分析，写出了有趣味、有风骨的好作品。这说明，只有热爱人生、心系社会，才能写出有真情实感的、震撼人心的作品！

鲁迅是属于已经过去的那个时代的一员，但鲁迅也是属于现在的，是我们理应铭记和尊崇的对象，鲁迅更是属于将来的，他恰似一道不灭的火炬，在不断地传递中照亮未来的路途。

我希望在大家的齐心努力下，通过鲁迅青少年文学奖让更多的青少年朋友走近鲁迅、阅读鲁迅、学习鲁迅，用自己的思想和现实的行动，来描绘和实现心中的"中国梦"。

鲁迅长孙、鲁迅青少年文学奖组委会主席　周令飞

2018年3月

# 目 录

**永不忘却的先生**

| | |
|---|---|
| 以爱之名 | 侍奕君 / 2 |
| 请为先生开一盏灯 | 时潇含 / 7 |
| 自由在高处 | 张中宽 / 11 |
| 遇见先生 | 樊迎琦 / 14 |
| 鲁迅·人·我 | 陈 行 / 17 |
| 咳嗽与烟 | 李雅玟 / 20 |

为了永不忘却的纪念 　　　　　经　鼎 / 23

## 躲在时间角落的店铺

影子店铺 　　　　　刘　哲 / 28
十二夜谈 　　　　　金惠莹 / 33
等待时间的答案 　　　　　张嵩笛 / 41
凯德先生是个好人 　　　　　景星语 / 46
暮色仓皇 　　　　　马兰兰 / 49
梦回滇乡 　　　　　马欣悦 / 52
鼓楼街 　　　　　陶易赟 / 56

## 落日里的战马

不见长安 　　　　　欧　彤 / 64
执子之手　与子偕老 　　　　　王淮畅 / 71
寄十二郎 　　　　　张嘉睿 / 75
战马 　　　　　王瀛晗 / 79
旧时戏 　　　　　朱怡玲 / 85
近黄昏 　　　　　张嘉辰 / 89

## 时光折射下的爱

| | |
|---|---|
| 未抵达 | 张一璇 / 96 |
| 小父亲和老父亲 | 刘凤仪 / 108 |
| 这是七点零八分的早晨 | 潘艺瑶 / 112 |
| 简单爱 | 黄立芃 / 115 |
| 深秋的时光 | 陆诗怡 / 118 |
| 阿婆 | 张知涵 / 121 |
| 与娘对话 | 俞舒扬 / 125 |
| 你是我心中的风景 | 徐梦清 / 129 |

## 下一个春天里的花

| | |
|---|---|
| 选择真实的自由 | 乔羽纯 / 134 |
| 枯树，你开了花 | 徐艺丹 / 137 |
| 承德，一个王朝的山庄 | 颜雨涵 / 140 |
| 人类的悲欢并不相通 | 管敏丞 / 148 |
| 止于唇齿，掩于岁月 | 杨怡悦 / 151 |
| 两岸 | 陈涵丰 / 155 |
| 下一个春天 | 胡紫卉 / 158 |

## 记忆里大雁已南飞

| | |
|---|---|
| 嘿——这是我的守望 | 王　涵 / 162 |
| 河流像是一个倾听者 | 华妍欣 / 165 |
| 站在河流记忆的边沿 | 孔涵闻 / 168 |
| "毛人"旧梦 | 刘婧毅 / 171 |
| 站在河流记忆的边沿 | 郭博航 / 177 |
| 乡味 | 王泽普 / 180 |
| 大雁已南飞 | 黄喜璇 / 184 |
| 树 | 白芊洲 / 188 |

## 雨季里的青春

| | |
|---|---|
| 被爱 | 李之晗 / 194 |
| 书卷留香似故人 | 陶　灿 / 199 |
| 似是惊鸿照影来 | 吴　熹 / 202 |
| 小幸运 | 彭隽雯 / 205 |
| 学习鲁迅先生的理由 | 陈承启 / 208 |
| 新西兰的冬 | 张雨莅 / 211 |
| 雨滴落下的青春 | 谢　畅 / 213 |
| 高考之外 | 侯明宣 / 219 |

**清晨的生命梦想**

| | | |
|---|---|---|
| 奇迹的山 | 吴　双 | / 226 |
| 佛渡苦僧 | 王佳同 | / 234 |
| 凯茜与希思克利夫的重逢 | 韩家琦 | / 238 |
| 生命中最后的礼物 | 吴晶晶 | / 241 |
| 莫让语文"凄凄惨惨戚戚" | 林歆瑶 | / 245 |
| 减轻生命的负载 | 曾　歌 | / 248 |
| 偷不走的梦想 | 陈臻瑷 | / 251 |
| 孤独谈 | 潘裕仁 | / 255 |

**与历史的对话**

| | | |
|---|---|---|
| 像鱼一样的花 | 郑思宜 | / 260 |
| 聚会 | 杨晏然 | / 264 |
| 牛娃 | 李武斌 | / 270 |
| 母亲的土炕 | 戴佳敏 | / 275 |
| 汝瓷·宋徽宗 | 吴　莹 | / 278 |
| 与梵·高对话 | 李梦瑶 | / 281 |

| 以爱之名 | 侍奕君 |
| 请为先生开一盏灯 | 时潇含 |
| 自由在高处 | 张中宽 |
| 遇见先生 | 樊迎琦 |
| 鲁迅·人·我 | 陈 行 |
| 咳嗽与烟 | 李雅玟 |
| 为了永不忘却的纪念 | 经 鼎 |

## 永不忘却的先生

# 以爱之名

上海市上海中学高三

侍奕君

春天的时候,老师给我们讲萧红先生的《回忆鲁迅先生》一文。中间有一段讲的是,在上海一个微冷的早晨,鲁迅先生站在苏州河边等公车。白色的沉沉江霭中,他抽着烟,吞吐着同样白色的烟,坐在有铁栏杆围着的石礅上。他眯着眼,不时招招手叫海婴过来,别满地乱跑,危险。

事实上,这一段文字并未被选入我们的课文中,因为它与那些能"直接体现人物性格特征与精神内涵"的描写记叙不一样。它不显眼,似乎只能归类为一个伟大的斗士在平凡生活中作为一个父亲的琐事。

烟在手中，化成低低的云。

说到鲁迅先生对萧红先生、萧军先生的诸多关照时，老师突然跟我们说，以前有人问鲁迅先生——先生，您对后辈的爱，是父性的，还是母性的？鲁迅先生停了停，说大概是母性的。

大概——大概，许多人都不能感受先生这种母性的爱。例如，昨天我还见了一篇文章，说林语堂和鲁迅都是把生命和一切看得全透的人；而前者不似后者——他并不愿"停留在'看透'而难以自拔"，而反过去醉心于生活的本质，关心有关于生命的点滴美好，从而开创了中国近现代"小清新先河"——看得我一哆嗦。

这一可爱的观点或许与大多数人对鲁迅先生的印象不无联系：怒发冲冠，头发一根根竖立着——连许广平先生对鲁迅先生的第一印象都是如此。就是鲁迅先生自己都曾躺在他的竹躺椅上对萧红说："我三十岁不到便掉光了牙齿，满口义齿。而戒酒、吃鱼肝油，妄图延长我的生命，倒也不尽是为了我的爱人，也半是为了我的敌人。"

这样又让人觉得好笑，又迫人马上沉默的语调，似让旁的人——那些从儿时的《社戏》到《风筝》，学成拿来主义谈谈天才的人们——会觉得，哎，他是战士！战士，鲁迅先生是一个用笔掷箭、飞镖、扔炸弹的战士。因为是"中国的脊梁"，他挺伟大。他的生活嘛，与我们太远——也或许，离他自己都太远了。

鲁迅先生曾对萧红说："谈到幸福，只得面对过去，或是除了坟墓之外、毫无希望的未来。每个战士都是如此。我们生活在这样的地方；我们生活在这样的时代。"

我想，他不仅仅是个战士——否则，他怎样熬过那"常常而来的独战的悲哀"？他喜食油炸食品的心性，嗜好韭菜盒子的胃；他备着的绿色、白色两种铁罐装的烟；他用像小乌龟般蹲坐在桌上的茶缸；他能用作手纸的手稿——或者可以用来包什么油饼；他第一次见二萧时除了大沓的钞票外，给年轻人备好的几枚能乘公车的零钱。我又以为，他是一个真正的战士，每时每刻不全都是，却又每时每刻都是。

——如说创作，真正的战士不会忘记为什么而写。在去世前的那八个月，鲁迅先生午夜醒来，要水喝。

"外面进行着夜，无穷的远方，无数的人们，都和我有关。"

是啊，为什么而战斗？有才华的人们如为了时尚而斗争，那么稍有压迫，便东倒西歪；有勇谋的人为了自己而战斗，但人生苦短，故事又太长，没人不信车到山前必有路的道理，也无真正的斯巴达克斯能让他在真正的枪林弹雨中不躲避一下下，一下下也好；有血性的人为了恨而战斗，这看似有了自己的坚定，又兼具了超脱自身谋求的信仰。但恨也不行，恨固然深切浓烈，固然如山如河，如长城，如长鸣的钟——但恨何以长久而又生生不息？废墟不过是爆炸后的残骸，不过是焦土，呜呼可怜的焦土。这样的远方，真的是悲哀的啊。

只要有油脂，有温度，如火焰般熊熊而燃的，也只是爱了。一日日，一夜夜，生命的延续便有指望。有希望便有战斗的理由，有在任何的冰冷酷热、狂风骤雨中狂奔的力量；可呐喊，可彷徨；或可以什么都不做，只是记挂上海盛夏的夜里，那与我"有关"的，无数的人们，还有无穷的远方。

没有终点吧。

馒头蘸过血，病态的小混混在乡里蹦跳；那个只有美女蛇传说的童年已经过去。你骂，但笑骂成文章。这样的嘲骂并非薄情寡义的道德批判，或是高高在上的皱眉说教。只是出于爱，责于言。他不相信？你何以证明？那便用一生，以爱之名，从容战斗。

——若无关创作，只谈谈生活，那么，"删夷枝叶的人，决定得不到花果。"

我想，如用一个字来概括我们这个世界上所有的事物，你可能绞尽脑汁都想不出，除了"爱"还有哪个字。

萧红、萧军拜访鲁迅先生的那个雨夜，鲁迅先生伤寒才好，却"为什么要送到门口呢？为什么执念冒雨送到门口呢？这样，不会使伤寒更重了吗"？

——记住啊，有牌子的弄堂，就是我家。

在为了忘却的记念时，在为白莽作《孩儿塔·序》时，这样一个看似怒发冲冠的人，还记得年轻人大夏天穿着的大破袄子，一头一脸的汗。

真正的战士哪里有心力在生命中每时每刻都剑拔弩张、横眉冷对而受千夫所指？真正的战士又哪里能割舍下心里的爱——爱这个世界，爱远方的人们，爱这里的一切好与不好的东西，爱敌人，爱妻儿，爱自己，爱树梢的晨曦般明媚的、跳跃的后生们。

事实上我并不了解鲁迅先生，但我现在为何书写？无非是因为那撇胡子、那怒发覆盖下的胸腔中的爱与柔情。不大露声色，或许因为羞于表达，但真的如火如焰，燃烧至今。

以爱之名，何以战斗？在远方，有与我有关的千千万万的人，我爱；也有身边的年轻人，我爱。故不露声色，我战斗。你们可以说我疾恶如仇，也可以说我睚眦必报；我的确恍惚惶惑，无所依恃。

我也愿变成一个以爱之名战斗的战士。现在，我并不能清楚地触摸到这个世界的轮廓，而或许一生，答案都不得而知；但我有一股激情的力量，金戈铁马，万里冰河，不过如此。我愿意以爱之名，为生存而战斗，为战斗而生存。

芥川龙之介说，永远不要忘记，人生就是战斗到死。而我以为世上的一切或许会有翻云覆雨之时，但真正的斗士一定会觉得生命就是战斗到死，也是不战到死。是抗争，是顺从，也是共生共存。

晓战随金鼓，宵眠抱玉鞍。

我不曾领悟过真正的战斗，但高三的日子似乎与之无限接近。我的心性并不适应这样一天天、抢半价鸡蛋般地去过日子。但我的老师笑着跟我说，勇敢一点呀，别怕。顿时，我明白了这种关乎自己与关乎世界的战斗，关乎冷的死和热的生，皆是以爱之名。

　　萧红第一次去鲁迅先生家，来自东北的女孩子并不曾见过万年青。鲁迅先生家里在花瓶中插养着的，都是万年青。

　　萧红梳着麻花辫，瞪着先生说，这是什么？

　　先生说，这是万年青。

　　萧红说，这是万年青？

　　先生脸上微微紧着，似有笑意。天落着雨，屋子中暗。但又很亮，似亮到今天。

　　"是呀，这是万年青，它们一直这样。"

# 请为先生开一盏灯

广东省深圳市红岭中学高二
时潇含

当我们在一片万籁俱静中听见自己心心念念的声音，我们是否会惊觉我们已渐行渐远？即便是铁骨铮铮的鲁迅先生，他也需要有人为他打开一盏让他重回自我、返璞归真的灯。试问世间，曾有谁人将这盏灯开启？

穿窗瘦月底，落叶寒风中。向来少有心存鸿鹄之志、一路慷慨高歌的志士的身影。他们的心中唯有"致君尧舜上，再使风俗淳"这样的愿景。

心怀壮志没有错，可是我又怎能忘却，当力拔山兮气盖世的项羽走向穷途末路之时，不是为了江山社稷而悲，却是涕泪长流地问道："虞兮虞兮奈若何？"这不是妇人之仁，而是楚霸王心中真正人性的牵挂，真情至此，不减英雄本色。

更不可忘却的是《薄伽梵歌》中的印度章西女皇。当峥嵘一生满心壮志的她从马上中箭跌落、生命油尽灯枯之时，她却注视着莽莽青山，笑语："你们看，那晚霞真美！"没有了百万雄师阵前的嘶吼来将她羁绊，她回归的竟是一个女子的柔情。

最让人心生悲凉而慨叹的是，当毛泽东度过他生命中最后的一个除夕时，身边的工作人员小心翼翼、生怕打扰了病榻上的他，他却说："过年啦！你们去放挂鞭炮热闹热闹吧。"即便是心中充满宏韬伟略的伟人也终在寒冬中渴望最最微小的温暖。

一语至此，我已是如鲠在喉，不知所云了。人们甘之如饴、感慨系之的宏图大志终是化作心底一个纤细，甚至不曾体会，甚至耻于言语的微小感怀。曾经的刚毅与一路的壮歌终敌不过柔肠百转的星点微光。我认为鲁迅先生的可敬可畏大约也是在此了。他不仅是一位横眉冷目的斗士，也需要一盏明灯来照见自己的内心。

为先生开一盏灯吧，为千千万万如先生一般辛苦劳作的人们开一盏灯吧。在我们所谓一往无前时，我们内观而自知的温暖在最细微处，而正是在这细小处藏着的星光引着我们在微茫的一生中蹒跚行走。

人活一世，为国为家，却常常忘怀了自己生命的本性，以为这是生命的"枝叶"。中国旧时往往忽视"小我"，人性总是被万丈光芒的"大局"所笼罩。试问大明的脊梁张居正，他为了万历的新政精疲力竭，却不为世人理解，以为他沽名钓誉，难道他不愤懑、不孤苦吗？当他在父亲的灵堂前，面对质疑他的子弟下属，歇斯底里地呼喊要让人杀掉自己时，难道他不明白他那漂泊太久的灵魂早已死亡？他真正的终点并不是扭转大明的倾颓之势，而是反观自我，与自己和解，在细小之处重还自己以人性。

　　当今的人们不也是如此吗？为了生活，即为所谓的"枝叶"，辛苦奔波，却终两手空空，人们所谓的"精华"终也不过如水流逝。正如那个告诉迷惘的金岳霖"你是金博士"的车夫一般，应该有人告诉我们，我们到底是谁。我们需要听一听群山肆意而低沉的回响，看一看飞鸟衔着心声翱翔，反观自心，才有前行的力量。

　　那曾被人热议、如今冷寂的余秀华曾道出世人的偏颇："我不想被称为脑瘫诗人或是农民诗人，我只想被介绍为诗人余秀华。"的确，人们是不是太关注所谓"标签"而忽视了人性的呼号？是不是物质、财富与前途让人们忘记了真正宝贵的"不值一提"的情谊？是不是唯有可歌可泣才是有价值的一生？不是的，绝不是的。只顾追求物质，"标签"与"枝叶"，会使我们迷惘，而不知道前路何方。

　　这一盏在中国关闭了千年的灯，凭一己之力是打不开的。那些好高骛远的斗士们也是打不开的。心中的悲凉，往往在口中化为沉默。那些对于王安石变法的失败哀其不幸、痛心疾首的人们不要将罪责统统归诸封建体制，在青苗法的光鲜外表下难道没有百姓被逼强贷的悲声吗？我们奉为程朱理学开山鼻祖的程颐所言"饿死事小，失节事大"，不正是对人性的轻视吗？封建社会的所谓道德，所谓歌舞升平，在一座座贞节牌坊竖立之时即已倒下。

　　若是如柏杨之言，三千年的封建礼教已将我们沉在酱缸的深处，那也未免过于悲观了。

　　为了世人，我们应开一盏灯，哪怕青灯如豆。那些乡村中的留守儿童与空巢老人，他们可以依靠城市中亲人汇来的钱生存，而谁又能教会他们生活？有谁知那最贫穷却也最幸福的国家不丹，国王骄傲地宣布，他所追求的不是经济，而是青山绿水，民乐安康？其言甚好，效之则难。如果我们的社会是急功近利的，我们也注定将在这股洪流中渐渐忘却自己的本心。当我们的生活走向各种指标评价的"富"与"强"，我们的灵魂，那些生命中最质朴的声音、微不可察的呐喊，又将何处安放？

先生终是离去了，而我以为他只是缺席我们的时光，他并没有死去，他仍需要一盏灯，他仍要"看来看去的看一下"。是他对生活深厚的爱，让他呼喊，让他彷徨。如今我们仍有为如先生之人点一盏灯的机会。来吧，烧尽可燃之物，哪怕油尽灯枯，哪怕不比星光。

不要忘却，当生活越行越快时，我们于本真却是越行越远了。试问，无源之水，如何流淌？无根之木，如何生长？无本之人，如何远行，志在四方？

# 自由在高处

甘肃省兰州市外国语高级中学高二 张中宽

鲁迅，一个时代的斗士与卫士。他为民请命，他亦用"金不换"的笔与黑暗相斗，"横眉冷对千夫指，俯首甘为孺子牛"是他的人生格言。他没有被世事所同化，被封建恶习气所玷污，他选择斗争；他没有因人民的卑微，而疏离中华民族，他选择的是韧的战斗。

这便是鲁迅精神的精华——选择的自由。近百年之后这种精神没有消亡，它正慢慢融入我们的民族基因，最佳的切入点即为我们这些风华少年。

我们要接纳这种自由，它并非行动的狂热，思想的偏激，它是身在高处的自由！

## 俯首的自由

阿长、闰土是被我们所熟知的经典形象。阿长口中的红毛鬼，闰土冬日捕鸟、瓜地刺猹的片段历历在目，成为经久不衰的谈资。透过文章，我更能感触到鲁迅那颗悲天悯人的灵心。

阿长与闰土或许从未谋面，可他们都是照顾过鲁迅的。在旧社会，他们就是鲁迅的仆人！但面对这些与自己身份地位悬殊的人时，鲁迅没有投以鄙夷、蔑视的冷眼，而以自己宽容的胸怀去接纳他们。对闰土的童年回忆，与阿长的谈笑风生，没有因时代的黑暗背景而消逝，反而历久弥新。直到飞向天国那一刻，他仍可以抛弃时代所赐予他的名与利，甘愿俯首拾笔为劳苦大众谱一首赞歌。

这种俯首的鲁迅精神是很多当代青少年，甚至成年人所缺乏的。

在我们身边的街道，不乏这样的场景：每天起早贪黑为城市清洁的环卫工人，不小心扬起些许灰尘沾到一些所谓贵妇、达人的衣角，"贵妇""达人"们暴跳如雷，甚至破口大骂，出手伤人。

难道这是理所当然的吗？他们可以拍拍衣角，对环卫工人说句"没关系"，和谐社会就是在这样一句三字的礼貌用语中积淀出来的啊！可他们低不下自己高傲的头颅，不肯俯首去向环卫工人说句"没关系"！

在善与恶、原谅与责骂的选择上，很多人选择了后者，这是你们的自由。但我们更需要每个公民去选择站在高处的自由，所以我们要学习鲁迅——俯首的自由。

## 横眉的自由

在那个黑暗的军阀割据时代，有那样一群以刘和珍君为代表的楷模，为民族斗争，纵然身死，亦不改其志！

当刘和珍们的头颅被挂起，鲜血洒满军政府前的大门时，很多人动摇了，觉得民族无望，继续斗争下去，只会增加无谓的伤亡，他们选择了隐匿。

而一支"金不换"刺破了黑暗的天幕，撕裂军阀、独裁者伪善的外皮，为刘和珍们正名。鲁迅孤身一人用自己的一支笔向恶势力突刺。

其实，鲁迅完全可以选择成为一名御用文人，为军政府写诗作文，足可以荣登高位，享受荣华富贵，可鲁迅选择了宁可孤身奋战也以横眉冷对千夫所指。

正是因为以鲁迅为代表的时代英杰秉持这种精神，中华民族希望之火才会生生不息，直至燎原。

享受着前人用生命换来的安宁生活，我们却逐渐变得麻木，对于社会上的不公行为选择自动屏蔽，"宁少一事，不多一事"成了许多人的处世之道。

横眉精神十分重要，"文死谏，武死战"方可保盛世太平，只有敢于正视，才会敢作敢当。

二十一世纪已翻过十七寒暑，请公民不要在选择的自由高地上走下坡路。

鲁迅在高处，自由在高处。

（指导老师　刘　伟）

# 遇见先生

黑龙江省哈尔滨市第三中学南岗校区高二

樊迎琦

粉墙黛瓦，流水桥头，风卷白雪，寒枝映月。这是我梦中的鲁镇的腊月。鲁镇，那儿。远方天际泛着蒙蒙的灰色，薄薄的，却又刚好笼住后面微黄的光亮。灰黄相错之下，镇子倒充斥着一种模糊难述之感，看起来半昏半明。那个时代，鲁镇乃至中国便都是这般模样的吧——曙光渐明，却终避不开阴魂不散的淡淡烟云。

蒙蒙雾霭下，我似乎见到了穿行于人流之中的先生。先生逆人流前行，只留下背脊于旁人。先生发长两寸，直直地矗着，这怒发冲天之感倒正与鲁镇的昏郁相背离，寸头乌黑倒也与身旁人的及腰长辫不相协调。我立于远处，静观先生迈着有力的步伐前进。先生大义凛然，不畏旁人疑惑的眼神，只是留心着脚下的路。先生眉宇间的忧愁苦难藏匿于浓雾之中，那苦楚唤着旁人清醒，似呼声，似号角。先生渐行渐远，终消失在亮眼的巷的那头。我只觉目眩良久。

听人说，梦是最能反映潜意识的物了。我深感如此，我对先生难以言尽的敬仰及对鲁镇近乎痴狂的探求也的确寓乎这梦幻之中。自与先生结缘于课本起，就常感叹先生思想水平以及先生言语内涵的深刻。随着年龄的渐长，更是愈发地想走近先生、领会先生于那血雨腥风时代的诸多感触。此虽为梦中遇见先生，但也着实令我兴奋不已。

先生独特，呐喊着引领变革中的大众迈进光亮的新生；先生也平凡，亦曾在革命与反革命之中彷徨于巷间。先生高尚，给予旧时代中的野草存活于新世的不竭养料；先生也近人，拾朝花于夕阳下与常人一同品味年少好时光。先生非圣人神仙，却又如圣贤神仙一样指导深陷岁月泥淖之中的华夏儿女逃离困顿的时代；先生非华佗再世，却又如华佗再世般医治着数万万中华同胞的灵魂；先生非沙场战士，却又如沙场战士把吃人的封建礼教击打得千疮百孔……先生已逝八十余年，却好似从未走远。

我曾想象，如果自己与先生同处一个时代，那么我对世间种种变革的看法又会是怎样？会如先生一样，在王朝统治下的血盆大口里逃脱被吞噬的命运，虎口脱险，还是会成为吃人的封建社会被吃的那个人？先生有独特于常人的毅力，能顶住时代的"洪流"的鞭策，不为大声势所迫，做变革者，让我肃然起敬。先生"横眉冷对千夫指"，深刻、冷峻、理性。先生有常人难拥有的勇气否定危害百姓数千年的腐朽和落后的文化传统。先生，时代的斗士啊！是先生敲响了中国落后腐朽封建"吃人礼教"的丧钟，是先生警醒了万千华夏人沉睡良久的民族意识，是先生教会了读书的知识分子怎样去自爱，又如何去爱人，是先生揭开了国人讳莫如深的国民劣根性。

先生借"妄想被迫害症"狂人之口深刻地挖掘了潜藏民众之中的对于旧制度吃人本质的深广忧愤，点燃华夏人民心中反封建的星星之火。先生用孔乙己悲惨的命运诠释了科举制度对民众迫害的深，反映了制度吃人的本质与国民的劣根性之所在。再者，华小栓的死与夏瑜的死更是告诉革命者人心的重要性，人的灵魂更需革新；《故乡》中闰土的一声"老爷"更让人为等级秩序的存在而感到心寒；《祝福》里祥林嫂与鲁镇人精神世界的病态更是引人深思……同时，少年时代的闰土，平桥村里的双喜、阿发，《一件小事》里拉人力车的苦力，也带给大众许多闪光的东西，先生在这里总用笔墨润着温厚与喜悦。因为先生深信，只要把蕴藏在民众中的种种优良的品质与情操发扬光大起来，我们的民族、社会便会有希望。先生没错，先生用自己的斗士之躯一点点地缝补了民众心上的裂痕，完成了民众思想的更迭，终不见吃人的封建礼教了。

能在梦中遇见先生，我喜悦，能在字里行间懂得先生，哪怕一丝一毫，我欣然。只因在先生那里我领会到了一个人对于时代、世界以及民族、国家的真切意义。

（指导老师　李牧舟）

# 鲁迅·人·我

广东省惠州市黄冈中学惠州学校高二

陈 行

很多人像懵懂无知的婴儿来到这个广阔无垠的世界，不懂什么是知识，什么是自我。鲁迅先生带着他饱含一腔热血的作品用高亢的嗓音向世界呼唤。

我与鲁迅先生的初次相遇是在初中语文教材中，至今我还能回忆起《从百草园到三味书屋》中的一二。在对文学没什么概念的初中，这篇文章引导着我去发现并热爱文学。很多人都说鲁迅先生是个战斗家，我想说，他更是一个用笔打天下的勇者。《从百草园到三味书屋》这篇文章是先生描写自己小时候的生活学习环境，他用平淡无奇的话语低声地同我们交谈，告诉我们什么是学习，人们又为何学习。学习鲁迅，就像是在学习探索知识。

鲁迅先生的作品是饱含热血的，有一种勇者般的气概。在后续的学习生涯中，鲁迅先生又如一位师者伴在我身后，用他满怀热情的双眼注视着我的成长。

在谈到爱国战士时，人们总会提起像林则徐这般的斗士，但我想要认可的，是鲁迅先生。语文课本上有一篇节选文章《狂人日记》，短短一篇，就如同笼中的老虎发出啸声，震动文坛。而后，我完整地看完了这篇小说，没有华丽的辞藻，却让我心头一热。鲁迅先生不是那种武艺至上的人，他是那种默默无声但又随时"发声"的战士，一字一句流露出对正义自由的渴望。《狂人日记》虎啸般告诉世界，每个人都还是狂人，拥有对自由的渴求，对幸福的向往。学习鲁迅，就像是在获取知识，又必须拥有情感和思维。

随着年龄的增长，我步入了高中，高中生活中学习和生活的压力增大了不少。一次偶然的机会，我看见语文课本上提到《阿Q正传》中的"阿Q精神"。"阿Q精神"频繁地出现在各种文章中，带着好奇心，我开始去了解。

小说中的阿Q在面对许多生活上的无奈时都自我安慰，而阿Q的这种自我安慰便称为"阿Q精神"。

读完这本小说，你就会发现这本小说和流行的鸡汤文一点也不一样，它更多的是在用一些情节，以阿Q这个人物的经历来告诉你，生活本就是一场无尽头的苦难，你可以选择逃避也可以选择直视。学习鲁迅，可以让在这宇宙中孕育的每一个人得到心灵上的慰藉。

"一个人，不能只是一个人，他必须是个有智慧的人"，一位哲人曾说。而一个有智慧的人，不能仅仅拥有知识，还要有热情和解决问题的能力。

人是这浩大无穷宇宙中的一个个体，鲁迅先生的背后藏着另一个神秘多彩的世界，鲁迅先生的文字如同母亲的谆谆低语，一字一句告诉我们该如何成长。

　　每每伏案书写，我总能想起，在那个黑暗混乱的年代中亮着灯的房间，坚毅的先生执笔有力地写下每一句话的神态。"无穷的远方，无数的人，都与我有关。"鲁迅先生曾说。

　　我回头望了望那盏久久不熄的灯，又环望周围的人群，不知为何有点伤感先生的离开。不知八十多年过去了，先生可还好？"无穷的远方，无数的人，都与我有关。"这是先生说的话，也是每个人都应该说的话。

（指导老师　梁　丽）

# 咳嗽与烟

上海市南洋中学高一
李雅玟

我是鲁迅先生的一支笔,我的一生都奉献给了鲁迅先生写文章用。鲁迅先生为人很好,前来拜访他的人也多。他和几个年轻人来往密切。

一日,那个叫萧红的年轻女子走进鲁迅先生的房间,她笑着问先生她穿的衣服好不好看。先生把我放下来,轻轻摇了摇头:"红衣服应配黑裙子,你这棕裙子太浑浊……你瞧国外绝没有红衣白裙的……"先生似乎对穿着打扮有自己独到的见解,他絮絮叨叨讲了许多,萧红一拍脑袋:"哎呀,我是来叫先生下去吃饭的……"

先生和萧红下去吃饭了,我静静地待在原地。

我想起先生常在这张桌子上俯首,他白天会见客人也在这里,会同客人聊许多。到了晚上,他总是改稿子改到很晚。他有时独自在窗前沉思,或点上烟斗,深深地吸一口,再吐出烟雾来。他的脸被烟雾笼罩着,模模糊糊的,看不清了。

先生常吸烟,又熬夜到很晚,睡得又少,之后便生了一场病。我看见先生躺在床上,手中仍拿着烟斗。他的妻子端来鸡汤,他不愿她生气,硬装样子草草喝了几口。他不喜欢喝汤,病中更是没胃口,他就喜欢吃些硬的东西。

我也想劝他爱惜自己的身体,他倒好,写下一篇又一篇文章。

我仍记得那天,他点了烟坐在窗前,抽了一口便咳嗽起来,像是想起什么似的,立马来到书桌前。我被他攥在手里,攥得紧紧的,写的字里行间也透露着一种悲愤。

我透过这些字才依稀回忆起那个叫柔石的年轻人,知道他被迫害牺牲了。我懂先生的心情,他是通过文字传达心中的悲愤。

先生的字具有穿透力,他写得富含情怀。他写道:"我站在窗前,而我的女人和孩子已经睡下了……"他应该想暂且忘却这种事,但夜的凄清想必让他无法忘怀。我不懂他为什么要参与到这样的大事中去,这不是蹚浑水吗?

但先生说,这浑水,我必定得蹚。

先生这般的坚定,让我生起更深的敬佩。我或许是太过肤浅了,愧对于先生。先生是值得学习的!

先生很是怀念故乡。他写下《社戏》,写下《从百草园到三味书屋》。他怀念的不仅仅是故乡,还有那安逸的世界。

他生性要强,哪肯向疾病认输?他写文章时总咳嗽,柔石牺牲后,他咳得更厉害了。他似是要将这天地不公都咳出来,他是有此抱负的。

很多很多人造访他,很多很多人猜疑他。他疑心这个疑心那个,他不想与一些人同流合污，于是他写文章，写很多很多文章。

我有时觉得自己懂先生，有时又迷糊了……先生真的如同笼罩了层烟一般让我捉摸不透。

他写道要将这份记念暂时忘却，我并不觉得他可以轻易忘却，但他将这份记念埋在了心中。他可以忘却，但那是暂时的，我明白。

先生从一开始便决心与他们斗争了。于是，他拿起了我，弃医从文。他们认为鲁迅先生是个隐患，先生便自愿做这定时炸弹，让他们不要忘了这个隐患。

他有些话难说出口，他怕连累了家人。他只能任这些话"无写处"，让日光照着他。

若是将他比作一种动物，我想是只鹰，不过是只年老的鹰。他的眼神中透着如鹰般的光芒，虽身体早已透支。

后来的后来，先生去世了。我眼看着他这么些年熬过来，对于他来说这或许是种解脱。

我也老了，很久之后被送入了纪念馆，旁边放着一小块标牌告诉世人，我曾是先生用的笔。

当众人感叹的时候，我总会想起先生来。我想，他的那份傲气是我学不来的。

鲁迅先生似是在向我点头，他吐了一口烟，迷雾中看不清他的脸，只听得几声咳嗽。

# 为了永不忘却的纪念

上海市虹口高级中学高一 经鼎

> 鲁迅,一个感性而刚强的人,我们学习鲁迅,便是为了永不忘却的记念。
>
> ——题记

我出生于浙江省绍兴市。没错,那便是鲁迅的故乡。从我出生时,父亲便常常和我讲鲁迅的故事。他写的故事,给予我最大的感受便是"真"。我们为什么要去学习鲁迅,学的难道不就是他的真吗?

为什么我们要去学习鲁迅,学的是他对现实社会的评判以及感悟。

小时候,听父亲给我讲鲁迅先生所写的《故乡》,我听到后面不禁笑了出来。闰土拿着胡叉去刺田里的猹,不禁给我留下风趣幽默的印象。面对我的笑,父亲只是点点头,摸着我的头对我说:"长大以后,或许你会懂得更多……"当时我那笑嘻嘻的反应却在中学时代的某一天被同样的一篇文章彻底改变了。

初二学到《故乡》这篇文章时,我竟蓦然发现,我的关注点随着年龄的增长,不经意间发生了些许微妙的改变。从之前对于闰土形象的懵懂无知,到了这时,我却更在意的是鲁迅离乡,是二十多年后再次回乡时,他看到的那些惊人的变化。闰土少时那种天真可爱的形象在那么一瞬间荡然无存,取而代之的是那如卖炭翁般"满面尘灰烟火色,两鬓苍苍十指黑"的形象。村里卖豆腐大嫂的性格,也在那二十多年后发生了极大的改变。

随着我们的心智逐渐从稚嫩走向成熟,思维与世界观逐渐开始成型,鲁迅先生的文章无疑在这之中起了催化剂的作用。拿我来说,从小时候对《故乡》这篇文章的理解,映照到现在却是另外的一番景象。相对于那些推理小说、言情小说,鲁迅先生的文章带给我们的却是来自灵魂之中的独特感受。想必在阅读鲁迅先生的文章时,偶然会被怔住的也不止我一个吧。我们为什么要学习鲁迅?因为在中小学生的身体和心理同时发育时,鲁迅的文章对于我们培养正确的世界观有着必不可少的作用。

"老板!给我一盘毛豆与一壶酒!钱我等一会儿付!"这是摘自《孔乙己》中的一句话,这篇文章现在被选入初二的教材。哪怕是到了现在,已经临近高二,对于鲁迅这篇文章,我也依旧久久不能忘怀。

为什么我们要再学习鲁迅呢?学习的,是他的写作手法,更重要的是学习他文章中那些发人深思的道理。《孔乙己》这篇文章,给我印象最深的是两个字"迂腐"。孔乙己明明已经大汗淋漓,却依旧穿的是那白色的长衫。鲁迅先生的《孔乙己》具有很深的教育意义,在一遍又一遍的阅读中总能挖掘出不同的东西,这是一般作家所难以具备的,这也是我们学习鲁迅文章的意义所在。如果有人说鲁迅先生的文章应该被取代，那一定是因为没能读出更多的东西吧……

　　为什么我们要学习鲁迅先生呢？最主要的，是学习他的那种至高无上的品质，为了那"永不忘却"的记念。记得今年高一刚刚来到这所学校之时，我阅读先生《为了忘却的记念》这篇文章，我从细节开始剖析，从"误译"到"曲译"饱含着革命战斗者内心对于自己本派的深深热情，与心中燃起的怒火，我都从文章中一一体会了出来。鲁迅先生在写这篇文章时，并没有大费周章地去写白莽等人的革命生活，重点描写的却是与人独立相处时的情形，以及自己的作品集被敌人用熊熊烈焰燃烧时内心的怒火，但随着慢慢读下去，话锋突然一转，几位作家被人在清晨用乱枪扫射时的情景顿时映入眼帘。想必当时写文章时，鲁迅先生也是百感交集，有心中的怒火，有刚毅的内心，同时也饱含着深深的怜悯。多种情感交织在一整篇文章之中，读出来的别样滋味并不是老师上课所可以传授的。

　　对于渐渐成熟的青少年，鲁迅先生的作品，一定会成为那引路灯的吧……

　　为了永不忘却地纪念鲁迅，为了永不忘却那周树人……

（指导老师　贾沪生）

影子店铺　　　　　刘　哲
十二夜谈　　　　　金惠莹
等待时间的答案　　张嵩笛
凯德先生是个好人　景星语
暮色仓皇　　　　　马兰兰
梦回滇乡　　　　　马欣悦
鼓楼街　　　　　　陶易赟

## 躲在时间角落的店铺

# 影子店铺

广东省中山市南朗镇中山纪念中学高二

刘 哲

  那是一家以影子为货币的商铺，生意向来红火，来往交易的人自然也不少，但它的模样却始终是个谜。据说，它存在于每一个墙隅无限延伸的阴影里，只有在傍晚时分，当人影被夕阳拉得足够长，以至于不成人形时，方可进入那神秘的影子店铺。

  店老板在专柜后面等候客人，也不知道是坐着还是站着。店铺前不远，有一盏营业时间时才会亮起的路灯。微弱的灯光在黏稠浑浊的阴影中格外显眼，像是在了无边际的漆黑中亮起的灯塔，指引客人来往。

不一会儿，一个穿着花裙子的女孩便走到了灯下，她扎着鲜艳的蝴蝶结，正好奇地东张西望。她的影子被灯光映在地上——一个完整的影子。"生意来喽，新客人！"店老板摇身一变，成了个涂着大嘴唇的白脸小丑，红红的圆鼻子，蓬松的头发。隐藏在阴影中的店铺也霎时变成了斑驳陆离、灯火通明的精品店。黑暗中忽然亮起的一角顿时引起了女孩的注意，她不由得向店铺蹦去。

挂在门上的铃铛发出了悦耳的声音，小丑带着夸张的笑脸热情地向她招手："你好，小姑娘，我有什么可以帮到你的吗？"刚进门，女孩就被琳琅满目的商品吸引了：逼真有趣的人形气球、挤满舞者的漂亮水晶球、声音诡异而让人着迷的音乐盒、穿着华丽晚礼服的黑色布娃娃……女孩什么都想看一下、摸一下、试一下。她从一个糖盒里掏出了几粒青绿色的糖果放进嘴里，糖果像烟花那样在口腔中绽放，诱人的甜汁溅向四处。她开心地舔了舔嘴唇，立马又抓了一把塞进嘴里。

"哦，那是苹果味的，你想要一点吗？"小丑在柜台那里拿出了一小袋糖果，女孩猛地点头。小丑又翻出了许多袋颜色质地各异的糖果，"还有其他味道的，不多带点吗？"

女孩当即跑了过去，飞快地用手把各种糖果送向嘴边："要，都要！"忽然，她的手停在了半空，她抬头望着小丑："我……我没带钱。"

"钱？不，我不要你的钱。"小丑把脸贴到她的脸边轻声说道："我只要你的影子，牙齿的影子。"

"我的影子？"女孩把手放进嘴里轻按着自己的牙齿。

"是的，但谁会注意你的影子呢？"小丑站直了身体，脖子像弹簧似的把脑袋扯了回去，"这桌上所有的糖果，换你四颗牙齿的影子。"他右手往外摊做出很多的手势，左手食指和拇指相夹表示只有一点点的意思。

女孩盯着五颜六色的糖果，又瞄了瞄脚底的影子，似乎仍在犹豫。小丑又多拎出了两袋放在桌上，扭头望向女孩，等待着已能预料的回答。

门外，女孩拖着个大袋子一步步往回挪去。小丑满意地玩弄着手中的牙影，看着女孩渐远的身影，小丑嘴角往上高翘露出了尖牙："总会回来的。"

今天生意依旧不错，来者多是带着残影的老顾客。教师在明亮整洁的教室里用数份试题答案换得了一双眼影、经理在宽敞舒适的办公室里用一箱纸币换得了几副脊影、农场主在绿意浓浓的温室烟草丛中用数盒香烟换得了一个肺影……

马上要到店铺打烊的时候了，一个坐着轮椅、蓄着白须的秃顶老人才来到灯下。他的影子却似乎并没有被灯光打到地上，定睛细看，才发现原来是有的，不过只剩下一颗跳动迟缓的心影、一只颤抖的手影和一些残留的片影罢了。

灯，忽然熄灭了。

一切霎时陷入了死寂般的黑暗中。仿佛打开了锈迹斑斑的水龙头，黏稠污浊的阴影即刻喷涌出来，浸满了整个世界，让人无法呼吸。老人握紧拳头："请务必完成这桩交易！"这一声高呼像是射入泥潭的子弹，并没有得到任何回应。他叹了口气，再次对着那一片漆黑说道："我等不到明天了。"这回，他的话就像是被录下来在山洞里反复回放一样，四面八方传来了或大或小的回音。

终于，老人不远处亮起了一点光，犹如一团深夜里燃烧的火焰，把阴影里躲藏的恶怪都吓缩了回去，他赶忙摇着轮椅向光源移去。靠得越近，光源的轮廓也越清晰。那是一间粗陋的小房子，像是用乱石、烂泥、木柴和枯树根随意堆积而搭建起来的，甚至连门都没有，只有房子里一盏忽明忽暗的煤油灯，淡淡的火舌摇曳着，远看像是一个不断挣扎着爬起，却又一遍遍倒下的小火人。微弱的灯光照在店老板的脸上，一张毫无表情的脸，像是戴着狰狞的面具。

老人刚进来，便被店老板的面貌吓得怔了怔。老人咽了口唾沫，回过神来才嫌弃地问道："今天这地方怎么这么破？"

"这是原貌。"

"原貌？"老人皱了皱眉头。

"是的。"店老板问老人，"您想要什么？"

"影子，我需要一个心影。"

"买影子？"那盏布满灰尘的煤油灯呼一声灭掉了，只见疲惫不堪的小火人扶着灯壁好不容易又立了起来。店老板冷冷地回答道："这儿只收购影子，不出售。你要是没有其他想交易的东西，请离开。"

老人赶忙把轮椅驶到店老板跟前，狠狠地盯着店老板，眼里闪烁着一团无法遏制的怒火，目光中却又流露出一抹无奈的哀求："请您把影子卖给我吧！我有数不尽的财富，必定能给出一个令你满意的开价……"

"这儿不出售影子，马上离开。"店老板以命令的语气打断了他的话。

"不，不！"老人睁大眼珠子瞪着店老板，暴怒的青筋盘上额角，他迅速出手死死地掐住店老板的脖子，"马上把我的影子还给我！还给我！你这个死骗子！"

"骗子？"店老板的脖子一下化掉了，老人的手竟像伸进沼泽那样，什么都抓不着，却又没法抽出来。店老板低头望向老头，空荡荡的眼眶犹如两条通向深处的幽邃隧道："哪次交易不是两厢情愿的呢？"

店老板的脖子仿佛是蛇穴的洞口，一时间无数条细长的阴影从中倾泻出来，有的在地上乱窜，有的在墙壁上蠕动着，有的顺着老头的手往上绕。很快，泥石和树枝间的缝隙都被阴影填满了。溢满内心的恐惧使老人几乎丧失了理智，他整个人呆住了，身子在不停抽搐着，极大的惊恐把他的灵魂拽回躯壳，他向店老板央求道："求求您，我……我只是想要一个心影，我……我只是想活……活下去。"

那一条条细长的阴影都抬起了头，猛地抖动起来，像是即将破茧的飞蛾。终于，那些条状阴影都现了人形，那是一群哭喊着、哀求着、挣扎着的人影。老人的身子已经被阴影严严实实地包裹住，好几个人影还伸长手臂抓着老头的脸，顺着他的脖子争先恐后地往上攀爬。老人大口喘着气，使劲地晃动脑袋试图把它们甩开。

"想想吧，无数次的交易，你最终又换得了什么？"店老板抿着嘴摇了摇头。

老人往外最后一瞥，只见精疲力竭的小火人躺倒在干涸的油灯底座。没有油，再旺盛的火焰又能燃烧多久呢？这么想着，他停止了挣扎，缓缓合上了双眼。阴影把老人彻底吞噬了，犹如鲨鱼生吞了它的猎物。

仿佛有一声令响，所有人影都突然停住了，像是积满水的池子被拔走了水塞那样，阴影飞速地回缩到店老板的脖子处。刹那间，一切又陷入了极度的寂静，在绝对的黑暗中只剩下那一座破房子、店老板和被店老板踩在脚下的一具人影。

女孩含着可口的糖果，哼着小曲，在路上蹦跳着。她望向自己的影子，像是看见了自己的美好未来一样，笑得很灿烂。

# 十二夜谈

江苏省南京师范大学附属中学高二 金惠莹

奇怪的是,从那天起,黑夜变得无比漫长。

## 第一夜 [水仙]

空气中凝结着永不会融化的冰。

他的脚踝就淹没在水面结出的冰晶里。他单薄瘦削,亦是岿然不动。

月光影影绰绰地勾勒着他的侧脸。

"你是谁?为什么来到我身边?"我兴致勃勃地问,他却是自顾自地扬着高贵的头。

冷也冷到极点了。他不言,我便静下来看北风把夜空里不怕冷的星星送回家。真是难得的安静。

"我的任务完成了,十二天后再见吧。"许久以后他离开,留下突如其来的上扬声调。

沉寂的夜被打破,午夜后的黑暗好像耐不住寂寞,瞬间便将残留的月光吞噬。

## 第二夜[玉兰]

她娉娉婷婷地立在高处,眉目透着雅致。她举目夜空,神情多少有些忧愁。

晚风料峭,我替她解开荆棘的层层羁绊。

"日光开始温柔照耀的时候,请叫醒我好吗?"她喃喃的低语似催眠曲,我睡意昏沉。

"抱歉了,我要先去告诉黄莺,下一首便是她的歌了。"

那么谁来叫醒我呢?

"你可以静听远方的雷声,或者小孩子的脚步声呀。请等等我吧,十二天后我会回来的。"

我沉沉睡去,叫醒我的竟是青草血液流动的声音。

## 第三夜[桃花]

"多么美好的夜晚啊,看那星星在对我们眨眼睛!"薄如蝉翼的粉裙轻轻摇曳，她面颊绯红，像是个小精灵。

脉脉的暖流驱散了些许凉意，也安抚了突如其来的一声惊雷。

"你知道今夜为什么会有雷声吗？"

雷声常常有，恐怕上一次雷声响起的时候，你还没诞生呢！我笑她天真可爱。

她摸了摸脑袋，笑颜灿烂。

"呀，时间过得真快，我去去就回！十二天后我要听到雷声，还要像今晚这么开心！"她走得恋恋不舍。

该怎么形容这一晚的回忆呢？像是春天里的阳光一般温馨。

可是这样一想，我突然意识到我竟然许久都没有见到阳光了。

## 第四夜［牡丹］

世间万物皆洁齐而清明。他侧身玉立在清风里，笑不笑都倾城。

风流潇洒，富丽堂皇，天蓝草青下，公子世无双。

我在心中默默羡慕着，也痛苦着，我知道我再努力也不可能修炼出这样卓尔不凡的风貌。我也知道，属于我的无边黑夜一直很漫长。

不知道是不是看出了我的黯然，他似乎有些于心不忍："我……先离开了，十二天后会回来的，你保重。"

他离开时，衣袖带过的风也是绝望的味道。又是一天将至，不知，还剩多少个夜在等待着我。

## 第五夜［石榴］

天空突然下起雨来，对于天上的雨我没有拒绝的权利，只能默默承受。就像我所遭遇的无数个黑夜一样，它们降临和离开，从不给我商量的机会。

她一袭红裙耀眼夺目，在雨下旋转舞蹈。

整个世界都是那样热烈地展示，高调地运行。

她似乎想用热烈的舞蹈点燃黑夜，用满腔热情慰藉我的伤痛。但我依旧沉浸在自己的渺小无力中，久久难以自拔。

"这雨，没来由地下，但也是会突然就停的。不信十二天后我再回来，你一定能看阳光笑着从天上跌落下来。"她临走的时候许下的这句诺言，让我的心好像也被雨淋得湿漉漉的。

## 第六夜 [荷花]

即使是在夜晚，热气也扑面而来。

她撑着绿色的伞，一袭粉罗裙，浅笑着看我。

"你听，夜行的火车正在飞过田野，农夫在这里洒下了一串串汗水。野人菊在绽放，稻子背负着月光，麦穗承担着野风，高粱肆意翻卷着波浪……"她的声音软糯，娓娓地描述着远方的声音。

"你听，我在呼唤你的名字。即使黑暗，万事万物依旧不会被掩盖它们存在的证据。"

我有些怀疑。

"相信我吧，你是可爱而美好的。不管十二天后我们是否会在夜晚相见，你依旧会是现在的你。"

离开时油纸伞上的雨珠落到我身上，我感到突如其来的清凉湿润。我突然意识到，雨悄无声息地停了。

## 第七夜［玫瑰］

雨停后闷热的夜里，窗子结满氤氲的雾气。我透过朦胧的窗子，看见黑暗里的窈窕的剪影。

有什么东西正拂过我的脸颊、脖颈还有手腕，像是浅浅的吻，又好像是绵绵的羽毛。我沉浸在轻轻柔柔的触觉中，随即一震，惊醒了。

"为什么把自己打扮成这样？"我看着触碰我的她，惶恐道。

"黑夜中的你就是这样。"她又恢复了温柔的模样，"像只刺猬。"她补充道，"内心脆弱，外表却长满了刺。"

我看不见的自己是这个样子？

"十二天后回来，期待你能对我敞开心扉。"她轻笑着拂过我肩头。

有点痒，有点恼，有点不清楚，又有点明白了。

## 第八夜［桂花］

梦里醒来的时候，推窗，发现天上还洒着月光。

仿佛才刚刚经历昨夜的交谈沉沉睡去，怎么忽然就从梦中醒来了呢？

刚刚确实是做了梦的，我努力回想梦境，所有的情节竟都隐没了，只剩下请你包裹我睡梦里的浓郁的、甜美的、平静的香味，好像在一点一点抚平我心头的锋芒。

让我再继续这个梦吧！躺下时我这样许愿。

我果然又闻到那香味，还隐约听到细微的声响——

"好梦，十二天后再见。"

不知她是什么时候来的，也不知她在什么时候离开。我只依稀在朦胧的梦里看见，漫天落叶，满地金黄。

## 第九夜［菊花］

鸟声在我脚下。

他在山的顶峰。

他召唤我登山与他并肩。我抬头仰望,他双眼深邃,笑颜澄澈,挂着早已被露水浸湿的明黄色长袍,毫不躲闪地、直直地注视着我。

那样的目光里,好像映着阳光下波澜不惊、了无边际的碧蓝色海面。

我好像懂了站在这里的他的心情——最高的地方可以望远。即使要承受夜里一点点蔓延的寒凉,还有冰冷的白露。

十二天后与他重逢,我定要拿出攀上顶峰的勇气。

站在山腰上,我听见在遥远海边的涛声,一波又一波清洗着我心灵的岬角。

## 第十夜［木芙蓉］

我不太能记得上一次看见晚霞是什么时候了。但今夜的她,恍若暮色初降时的晚霞。

宜寒江,宜秋沼,宜微霖,宜芦花映白,宜枫叶摇丹。

那时我心想,如果有一天我能重新看见同样美的晚霞,不管在何时何地,我都会想起她来。

可这时间太短了呀,午夜过后,我的世界便如往日一样陷入黑暗。

她消失在无边无际里,我甚至看不见她离开前的最后一刻,是在我身边,还是在远方。

霜降了,风徐徐的,夜色有点冷。

我开始慌了,即使黑夜里有别样的风景,我也只想重返光明。

## 第十一夜［山茶］

万物终成。

"为花的开放而欢喜,为花的凋落而悲伤,你便不能认识流过的时间是一种自然的呈现。"

"如果想要拥抱光明,就要先明白光明有终结的时候,如果想要走出黑暗,就要做好永久黑暗的准备。"

"要是我能早点来到你身边,一定先告诉你这些话了。期待我们很快就能重逢。"她的脸上恬淡安然,让我想起了光明世界的母亲。

说罢,她在高处纵身一跃,下落的时候纯白的裙摆绽放在飒飒的风里,绝美。

## 第十二夜［蜡梅］

到这天,已是第十二个夜晚。

他在静默中立得笔挺,红衣鲜艳。长夜里,他温和低沉的声音绵绵不断,本该无比冷的夜,我靠在他的身边,只觉得手指发梢都浸在暖意里。

黑暗是漫长的短暂。

不知是不是错觉,在某个回头的瞬间,身后竟是白茫茫的世界。

我至今还记得他说的一句话——"享受黑夜的美,剩下要做的,便是等待光明。"

## 第十三日

十三日。无风,无雨,无云,黄道吉日,宜赴约。

我静静等待着下一个白天或是黑夜的降临,内心十分安宁。

## 后　　记

对于突然失去光明的人来说,世界是很残忍的,不再有时间的概念,不再有四季的变换,不再能与外界亲密接触。这远远比天生看不到更让人难以承受,他们只能在无边的黑暗中回忆光明的日子,回忆曾经看到的事物。

在"我"看不见的十二个晚上,外面的世界四季轮换,"我"或是全然无知,或是刻意逃避。从一开始的茫然,到痛苦绝望,到逐渐接受,再到急切想改变,最后豁达领悟,静静等待生命的转机。十二种花是十二个月,更是以人为形态的十二个改变"我"心路走向的瞬间。

人生不如意事十之八九,苦中作乐静候佳音,莫不是合适的选择。

# 等待时间的答案

黑龙江省哈尔滨市第三中学高二
张嵩笛

望着，心情前所未有的轻松。来这里，是我的选择。暮色浓重，从清晨到黄昏，仿佛很久很久。这是终点，也是起点，回望，还是那片金色的麦田，带着慑人的温度，那些成长的心跳，渐暖的呼吸，把我和他的过去低吟浅唱。麦田深处厚重的幸福，季节变换，将你的温暖情怀铭记在心。

嘴角上扬，望着那个逐渐模糊的身影，带着约定，踏上前路。哥，等我回来。

落叶开始起舞，你抱着我去那片麦田深处遨游，留下了整个秋天萧瑟的季节。风烤熟了一片麦芒的心，抬头看见了你那清澈的眼神，俊朗的侧颜。循着你的目光看去，那是黄昏的颜色，夕阳西下露出半边笑颜，像极了你。自我睁开第一眼看见的，便是你的笑容，在我的小小世界开出了大片的花朵，浓烈而繁盛。虽然我们俩相依为命，而你亦母亦父地照顾我，简简单单却储满了幸福，多么希望一直这样到生命的终止。

　　直到那个官员的儿子带着满面凶光地闯来，脸上写尽厌恶与嘲笑，身后还跟着好多喽啰。拿着棍棒，敲击声在炙热中放大百倍，我缩在你的身后，怯怯地看着他们。脸上还挂着与他们理论后的伤口。此时我后悔不已，因他们说了几句对你不敬的话，我便气上心头，想必是记恨到这里来了。你柔和地看着我，抚摸我的头，转而以凌厉的目光回应。虽然我们出身于武学世家，法器也有许多，但却难敌四手。可也伤了他们大半。不知英雄为何的我，早已将你视为唯一。可你还是在我面前倒下了，坚定地、不屈地倒下了，鲜红的血刺痛了我的眼。那群人见势不妙，仓皇而去，留下你我在血泊中。我早已不知所措，慌忙用手捂住你的胸膛。你抚着我的脸让我保护好自己，你要去一个很远的地方。你的手渐渐滑落。冰冷，血还在流着，像红莲般绽放。我带着失去你的悲痛没日没夜地走着，眼神里尽是荒芜。

　　原以为就这样了此余生。直到听坊间的传闻，在那被冰雪漫长覆盖的彼岸，存在着一位能够让人永生的使者，或许，他能知晓如何让你再回到我的身边。于是我匆忙回到那个不再是家的家，然后带上仅剩的干粮和盘缠走了。也许再也不能回来，不过这又有什么关系呢？

　　陈家，已再无人，曾经多么繁盛，可没有了你，富贵无多。走到码头，打听着去那里的船。大家对此好像都有所忌讳。多亏一位热心小哥，帮我找到了一位去过那里的老者。他说有凶险是一定的，去过的人都没有见过真人。他介绍了一艘通往那里的船。带着对你的细细思念出海。应是为了那个共同的目标，不能明说，各有心意罢了。出发，我找了个位置便坐下来。困意不巧袭了来，便打了盹儿。又梦到了那个可怕的下午，我不停地呼唤着你："哥，哥哥，醒醒啊，看看止儿。"这时，看你忽地一站，笑着挥手。忽地一阵白光，刺得我睁开眼，看到了一位少年正忙着给我擦汗，好像比我还着急。

　　他问道："刚才发生了什么？你是不是做噩梦了？"眼里尽是焦急。我释然地笑笑："没什么，想到了以前一些事。"这位小哥还蛮热情地谈了好多他的事迹，我随意应和他："你可真厉害。"他哈哈笑着："我叫虚白，你呢？"他问道。我答："陈止。"他睁大了眼睛，问："是那个很厉害的陈家吗？"我看了看他，心想竟还有人对我们家如此崇拜，不禁有些欣慰，但更多的还是落寞，他说他去那个地方只是觉得好玩，"你去那儿干什么呀？"他天真地问。我看了看他，心情有些复杂，默然不语。"不说就不说，反正我早晚都能知道。"我笑了，这个小子还挺有趣，很快我们便像亲兄弟一样侃侃而谈，这一行有他陪伴也挺好。

　　夜晚，虚白睡熟了，我走到甲板上望着星空，仿佛看到了你，"你还好吗？"我怀念着，这里的某颗星星定是你为我照亮的呢，你在哪里啊，会在那里静静地望着我吗？少顷，我眼睛里已晶莹，不知何时虚白已站在我旁边和我一起遥望这片天空。"海上的风景还真是不错呢！"他突然开口，我身体一颤，回头望望他，笑了起来："是啊。小白，希望你和你的家人、爱人永远在一起。"他似乎觉察到了什么，问道："从刚认识起，就觉得你不简单，承受得太多，能说说是什么吗？"严肃得不禁让人想笑。"我此行是要去找复活我亲人的方法。"

　　天空突然乌云密布。随着我这突如其来的一句，没等小白反应过来，船身开始晃动得越来越剧烈。我扶着小白，尽量让我们保持平衡，像是哥哥曾经保护我一样。可颠簸的船完全不受控制，桅杆顺势倒下，我们把着舵。突然，一个巨大的身影翻腾而出，是海底的蛟龙。顾不了那么多，我拔出那把哥哥留给我的剑，一道白光像是劈开万物，延伸到那边的地平线，脚踏着甲板跃起，劈向龙身。可它尾一甩，我急忙躲闪，看准时机骑上了它的头，扶着它的龙角向它砍去。终于那龙折腾到力竭，倒在海里，海面重归平静，晴空万里。我松了口气，回到船上，不在意旁人感激的目光，向虚白走去。好像人数少了不少，大家庆幸着这次劫后余生，我却感到一阵眩晕突然袭来……

睁开的双眼瞬间又被刺眼的太阳硬生生地挤成一条缝。我用仅存的一点视野环顾四周，虚白还在我身边，其他人好像都不在，这儿仿佛是一片森林。身边的人身体颤了颤："阿止——"我们扶着彼此站了起来，看来这是"那位"的考验啊，虽然之前来过这儿的老人过了这些关，但最后还是没有见过真人啊。这里就已凶险万分，可见此行是否成功还是未知中的未知。我们向森林走去，往路边的树上画着记号，为了防止迷路，我用剑意领着我们。但真正的杀招却远不止这个。已是夜里，我们俩在一处废弃的庙中暂歇。露天休息，对于现在的我们来说，好不舒服。

睡梦中，听到了窸窸窣窣的响声，我猛地惊起，有不祥的预感。我急忙叫起小白。听这声音好像还不止一条蛇啊，我们慢慢地移动。它们也在移动，一双双亮眼在我们身后注视着。我辨别它出来的方向，一剑剑刺去，仿佛让它们有了忌惮。我们就这样周旋着，边跑边砍。"啊！"身体忽地失重。小白打起火折子，这是个洞，蛇正在上边却下不来。"应是前人保护自己用的。"我不禁感激道。一直到了天亮，鸟鸣声悦耳，才渐渐走到了那条路的尽头，可是……

没了路，再无入口，下面是泛着雾气的深渊……我的心阵阵作痛，绝望着，没想到拼尽全力，哪怕拼上性命，换来的只是一片虚无。哥，还在等我，他的音容笑貌……我不想只活在回忆里。难道只是幻想吗？眼睛，灰暗着，星星之火的希望已是无多。

可我还不甘心呢，从前哥哥教我的童谣还萦绕耳边，"天为我屋，地为我床。"如果向死而生又会怎样呢？我与小白告了别，让他照顾自己。说罢，我看向无尽深渊，心里念道："天地江河，为我桥梁。"无论生死，哥，我来了，纵身跃入深渊……

果然这里的尽头便是起点，映入眼帘的是漫天飞雪，一位老者吹着埙，凄凉……他回头冲我笑笑："我终于等到有人陪我说说话了。"这和蔼的面容让我暂放心中恐慌。"你能救救我哥吗？"我急忙问。

"你要救他必有所损失，你可害怕？""当然不怕。""好啊，我虽活千年，洞悉万物，可从未有一人是为别人而来。"我问道："什么条件？"他迟疑着："如果是你的命呢……"我一怔："生死自有定数，你应早就明白。"没错，这的确是最糟的了，但是我心已决。那老者微笑。

起势，一瞬间山崩地裂，伴着一道耀眼蓝光，星空中一道亮线朝我涌来，幻化人形，是哥，是他了。我们终于相见了，喜极而泣。可相逢的时间总是短暂的，我随着光芒渐渐透明，空中传着我的声音："哥，一定要等我。"

那是彼岸，所有人必经之地，不知是不是老者让我留着今世的记忆。我微笑着，走上奈何桥。

哥，我们只是分开一会儿，等我啊。

几年后。睁开眼，是他俊朗的笑容，相视……

这是时间的答案。

（指导老师　李　娟）

# 凯德先生是个好人

广东省中山纪念中学高二
景星语

  这是一个不知名的小镇。巷子里飞奔过一群孩子,嘴里哼唱着不知名的歌谣:
  "凯德先生是个好人,而他的妈妈十分悭吝……"
  一粒石子从他们脚底的尘土中飞起,划过流星的弧线,砸出货车司机的咒骂。司机暴跳如雷,高举起帽子,怒吼着冲向他们。男孩们尖叫着往四面八方撒腿逃跑,只有一个不幸在混乱中被司机抓住领子。
  司机怒气冲冲,拳头呼啸着砸下,男孩闭紧双眼,紧张地死咬牙关,嘴唇有些哆嗦。

"噢！先生，他不过是个孩子。对了，您要一支烟吗？"一个男人从后面追来，从司机拳下一毫米解救了男孩的鼻尖。

那是一个消瘦的中年男人，脸颊两边深深地凹陷着，眼尾与嘴角的褶皱格外明显。他在打满补丁的衣服上来回摸索，从隐蔽的暗袋中掏出一支香烟，又摸出打火机为他点上。

"哼，算啦！"司机叼着烟，恶狠狠瞪了孩子一眼，松开了拎着他衣领的手指。

男孩缩了缩脖子，扯扯自己的领口，一溜烟掉头跑回巷子深处。司机折返打开车门，那位先生向他点头致意，走回了不远处自己居住的房子。

"滴答。"

房檐上沉积回旋了好久的雨水，也可能是污水，终于吝啬地跳落一滴。那位先生满足地张大嘴巴，仰头将它迎接。

"嗝。"

惬意地咂咂嘴，他仿佛品尝到了至高无上的美妙甘露。用脚尖踢开饿死的老鼠尸体，他没有开门，因为这里根本没有门，走了进去。

四壁萧然，没有一样多余的物件。"咚、咚。"阴冷的黑暗中，走出一个拄着拐杖的老妇，那是他午睡刚起来的母亲。

"妈妈，我的裤子又裂开了。"他一边说，一边弯腰脱下裤子。"我现在去睡会儿。"

这带着异味的破裤子从他那边飞来。"噢，好的，凯德。"老妈妈应答。这时凯德先生已经消失在了另一头的黑暗中。

放着针线柜的另一个房间，她用手杖敲击着地面，同时缓慢地挪动双脚。

"咚、咚、咚、咚。"

这声音在阴暗中寂寞地回响，远远的那一头传来凯德先生的鼾声。

她在门口站定，眯起昏花的眼睛仔细环视。为何空空如也？不祥的预感套住她的心脏，焦急使她健步如飞。她绕着墙疾走一圈，除了情急之下踢翻了角落里的针线盒子，原本矗立在那儿的柜子真的不翼而飞了！

"凯德！凯德！"她扯着嗓子失声尖叫，手里的拐棍狠命击打地面，"这个柜子呢？你爸爸祖传的，留给你的柜子呢？"

在门边啄食死老鼠的鸟被吓得飞走了，凯德先生却仍深陷沉眠。

"凯德！凯德！"老妇人疯狂地呼唤儿子的名字，拄着拐杖奔跑，"你将家里的一切都捐献出去，我阻止过，但最终还是由了你——可是只有它……只有它不行！求求你了，请——"

"轰隆隆——"货车的咆哮震耳欲聋，盖过了她后面的言辞。凯德先生家里仍剩的物品即将被带走，司机扔出冒着火星的烟头，关上了车窗。

她似乎突然明白了什么，不再央求儿子，转而奋力奔向门外，挥臂高呼。街坊邻里被这阵骚动惊起，推门而出。

"砰——"

世界在一瞬间全都寂静了，只余这一声，惊天动地。

赤红的血花在漆黑的路面上渐渐蔓延，却没有人为它的丑陋所吓。相反，轻松的气氛在空中散开。

"咦？这不是凯德先生那铁公鸡老娘吗？一再阻拦孤儿院的货车，这下得报应了吧？""就是！哎，凯德先生这次怎么没有出来拖她回去？"邻居疑惑地面面相觑。他们不知道，今天凯德先生没有穿裤子。

那是一个晴朗的午后，男孩们结伴，在郊外且歌且行。忽地，其中一个孩子提着裤子，独自紫着脸匆匆跑来。很快，这里新堆的小土包湿了一片，上面好像还冒着热气。

孩子笑了笑，转身雀跃地跑回同伴身边。

远方，传来轻快的歌声。

"凯德先生是个好人，而他的妈妈十分悭吝……"

（指导老师　郭云祥）

# 暮色仓皇

甘肃省陇南市宕县第一中学高三 马兰兰

暗夜里，我在荆棘之路上前行，灭了灯，只为在黑夜里看得更远。

——题记

我从来都是一个孤独的夜行者，暮色渐浓之时，我便启程，从不犹豫，从不彷徨。暮色苍黄，夜便放肆地吞噬大地。手里的火把灭了，我的心是干净的，有一盏明灯。那灯是有一个树一样的名字，十年树木，百年树人。

不似暮色匆匆,他一直亮着。我们的初见,没有惊鸿一瞥式的传奇,只是平平常常,像粗茶淡饭、清粥小菜。他的话语里满溢着尖锐犀利、呛人的胡椒粉味。当我真正了解他、走近他,却是"直到后来"。直到后来,我才看见那字里行间深藏着的,可敬的灵魂。

　　最初,一篇《从百草园到三味书屋》便让我离他更近。他似乎不再是那颗万众瞩目、遥不可及的星星。以前觉得大师也有顽劣不喜读书的时候,他年少时便是有一种反抗精神的,他一直都很清醒。像百草园,我在农村的老家也有长满草的地方,不过是一座山。我也曾深切怀念在草堆里打滚、捉蚱蜢的日子。他让我怀念生活最原始的模糊,那曾出现在梦里,出现在风起麦浪涌的田野里。

　　伴着他,我在夜里健步如飞,同行的人越来越少,一路上坑坑洼洼。听过许多过来人的金玉良言,可若不是自己走一遭,哪里会知道前方的酸甜苦辣。从他的文字里,我读出了人性,读到了生活。我很乐意从琴棋书画诗酒花的理想转入柴米油盐酱醋茶的现实。现实是因为它的俗气,才显得可爱。

　　来到异乡求学,一路风尘只有自己知晓。我从前读杜甫的诗"露从今夜白,月是故乡明",就会流泪。看他的《故乡》,饱含着一种更为深邃的家国情怀,我顿觉自己小儿女式的扭扭捏捏是多余的。我也想念过儿时的玩伴,家门口的小姑娘,能干聪明,银铃般的声音。可现在的她,早早辍学,做了别人的新娘。她的婚姻埋葬了她,我曾叹惋,哀伤。她的婆家住在高高的山冈上,我那亲爱的姑娘,自此便没了音信。因为他,我还在坚持着,为了将来走出大山。

　　我何尝不怀念故乡温热的土炕,那乡间一家呢喃的方言,当我迷失在路上,我还是可以看到那灯光,虽然有许多时候,眼泪就要流下。

　　生活满是岔路,夜行需要勇气,选择似乎从来都是个难题。看过《藤野先生》,才慢慢懂得生活的方向盘该怎么握。生活永远都没有导航,方向都是自己踏出来的。有人说,选择比努力更重要。他当年弃医从文,那般坚定，是为了唤醒沉睡的一大群人。

　　他，于我的成长，永远都是不可缺少的明灯。暮色仓皇，我走了那么久，前方迷茫，回首依然望见故乡月亮。月光浑浊，但明灯依旧，我渐渐看清夜的模样。

（指导老师　李杜娟）

# 梦回滇乡

江苏省南京师范大学附属中学高二 马欣悦

睁开眼,是一片蔚蓝。

听四方,是静谧无边。

我意识到手背上有些湿漉漉。撑起身一看,竟是一只小花猫,正扒着我的手,专心地舔舐着,真是挠心窝地痒。它站在一块有些松动的瓦块上,止不住要向下滑去。我这才发觉,自己置身在一间瓦房的屋顶上。

四下望去,远处是深浅不一的绿。绵延的山峦,笼着一层翠色的纱,微风拂过,轻纱起伏,泛起层层波浪。往近处看,星罗棋布着白墙黑瓦的屋子，越是近了，屋子越发密集，直至我的脚下，是一条青石路，显然这就是这个山间乡镇的主干道。

起身，我轻轻一跃，落在青石路上，路挺宽，足够容下两辆马车并驾齐驱。路两侧的屋子上，悬着种类繁多的招牌，想必早日里是热闹非凡。然而此刻，空无一人，静得仿佛时间静止。

"来咯——"一声吆喝，打破了寂静的屏障，我有些愣。下一刻，"踢踢踏踏"的马蹄声由远及近，让我回过神。蓦地街上变得人声鼎沸，叫卖声掺着马车车轮辘辘声，儿童的嬉笑声混着老妪的咳嗽声，喧闹不已。各式的声音清晰回荡在耳畔，可来往的人影却个个模糊不清。我停留在路中央，也无人问津。

这是怎么回事？我慌了神，下意识转身，想在模糊的虚幻中寻找真实。

不料真的有个清晰的少年，站在不远处。他戴着一顶半卷边的毡帽，穿着羊毛坎肩和蓝色长裤，腰间束着红绸，麦色的脸庞隐在毡帽的阴影里。他抬起右手，冲我比了个手势，嘴唇动了动，似乎说着叫我跟上，随即，掉转身，穿梭在模糊的人潮里。

没作多想，我的脚步已迈向他的方向。人潮不减，青石路似没有尽头。渐渐地，一座石门的影子在远方的浓雾中显现，越发清晰，最后我跟随他，穿过了石门。喧嚣戛然而止。我喘着粗气，不知追随的少年已消失在何时。回过头，只见石门上悬着匾额——"乐河"二字，清晰可见。

"乐河。"我默念道。

再一眨眼，字迹模糊，最终，晕成了一团光影……

睁开眼，是一片亮白。

听四方，隐约有电视声与车笛声。

掐了一下大腿，有些疼。夏日的光穿破窗帘的阻碍，投入屋内，照亮了一室。打个哈欠，看了眼钟，竟已经日上三竿。撑起身，我揉了揉眼睛，打量着周围：床尾散落的衣服，桌上凌乱的作业，地上东倒西歪的毛绒玩具……这不是我最熟悉的家还能是哪里？可是刚才，我明明……使劲摇了摇脑袋，略微清醒了些。

原来只是一场梦。

我又一次在梦里，回到了滇西的那个古镇。

囫囵吃了个早午餐，又忙了许久，我有了丝午后的倦意。

放下手中的活计，支着脑袋，我回味起早上梦里的那个小镇——乐河。

大约两三年前的夏天，我去了乐河。西南部的夏没有东部的灼人烈日，取而代之的是阴雨连绵。

去乐河的那一天，下着小雨。打着伞站在乐河古镇的石门前，我细细端详着那木色的匾额，只觉得那两个墨色的大字散着古朴的幽香。前方是一条青石路，凹凸不平，陷下的地方形成一个个小水洼，雨滴打在水尘里，泛起小小的涟漪。淅淅沥沥的小雨里，青石路显得悠长、悠长。这里是否会有一个丁香一般的姑娘？

我没有遇到那么个结着愁怨的姑娘，倒是远远看见一个纳西族姑娘。她穿着浅蓝色长衫，藏青色百褶裙，腰间束着不宽的带子，戴着银制的手镯与耳环，坐在屋檐下编织着什么。雨从屋檐上滑落，落在她面前的青石路上，无意间成了珠帘，遮着她的容颜不轻易示人。周围偶有行人经过，发出响声，她也未因此停下活计。雨的帘幕，间隔出了她与周遭两个世界——两个互不相扰的世界。她的淡定与从容，是乐河赠予的礼物，乐河的姑娘就像乐河古镇一样，不曾因时代的变迁、世界的变化而被迫改变自己。正是这始终如一的坚持，才造就了如今的乐河。

那一天，我只在乐河停留了两三个小时，却足够回味两三年。我记得那一匹披着羊毛毡的马，它的蹄点在青石上，不疾不徐，尊贵而优雅；我记得鲜花饼的唇齿留香，玫瑰的气息俘获了我的味蕾，也萦绕在我的心房；我记得饰品店的银饰手链，满含着异域的神秘与美好的心愿；我记得……

茶马古道从这里经过，中原与异域的文化在这里交汇，千百年的积淀，形成了今天的乐河，独一无二的乐河，与世无争的乐河。

并没有刻意去爱乐河，只是乐河太容易被人爱上。

我去过不少古镇，最爱乐河。

地域着实造就了村落间的巨大差异，江南水乡的温婉典雅与滇西南的异域风情不可同一而语。然而就算是相距不远的乐河古镇与丽江古城，风格也是天壤之别。

有人说，丽江古城是最适合来一场艳遇的地方。在这个偏远的小城里，放下一切顾虑，在酒吧纵情片刻。如果这么说，那乐河古镇就是最适合沉心静气的地方，这里有种天然的气场，迫使人们去追寻内心深处的自己。丽江古城与乐河古镇，一个张扬恣肆，一个沉静内敛。

倘若把两座古城比作酒，那丽江古城定是一杯烈酒，正如乐河是一盏温酒。丽江古城给予游人的感觉，是直接而浓烈的，在第一时间便能体味并被其震撼。乐河古镇恰好相反。刚至乐河，或许不会有太多感觉，可愈回味，乐河给予的温馨宁静便愈发浓厚。温酒暖身，乐河暖心。

回忆许久，越发倦困。

伏在桌上，放空心绪。

没有做不出的选择，没有放不下的烦恼。

没有停不了的装修声，没有念不完的唠叨。

闭上眼，畅想快点进入梦乡，回到那个滇西小城，回到那个离天堂最近的地方。

# 鼓楼街

上海市第五十四中学高二

陶易赟

我记起,祖父曾经和我说到北京那些将要被废除的老四合院的时候,眼上就像结了一层霜,谈吐之间都不由自主地染上了哀戚,眉头皱得紧紧的。他说,留不住了,老北京人的命根子就快要被这推土机推平了。

## 陈小生

祖父摇着蒲扇,倚在大院的藤椅上,表情有些义愤填膺的意味。北京刚被一场大雨冲刷得几乎褪了颜色。间或有枝丫上夏季的蝉鸣声传来，就像一串被风激起的铃声，此起彼伏，飘飘荡荡地灌入我的耳朵中。

两年之后，我终于长到十岁。但祖父却在这院子同样的蝉鸣中去世了。父亲在祖父房里整理他遗留下的衣物的时候，看到他一件中山装口袋装着的照片，是我们一家人在院前的合影，我那时才刚出生不久。父亲说，我出生的那年，祖父让人把四合院从里到外修葺了一遍。父亲还说，老爷子一生最看重的就是这处院子，因为他一生的喜事都是在这处院子里发生的。

我从这条羊肠小道骑着车回到鼓楼街的时候，院门处被人流围得水泄不通。我只能靠边停了车子，踮着脚向里面望。究竟出了什么事？所幸人群留足了缝隙，我能看到人群中央站着我的父亲，穿着白衬衫，袖子管都卷到了臂弯。

"这院子是我爸留给我的！是我爸一生的心血，你们怎么能说拆就拆？"

"不是啊，周围人家都同意拆了，就您一人杵着，又不是不给您贴补！"

"这不是贴补不贴补的问题……"

"我说先生啊，这老四合院又旧又破了，换个敞亮的地方待着不好吗，您啊？"

"可是这院子真拆不得。"父亲额上都沁出了一层薄汗。他有些窘迫地撩起袖子抹了一把，又顺势推了一下鼻梁上的眼镜。眼神似是蒙上一层雾，难以驱散。

"唉，您还是赶紧答应了吧，这鼓楼大街的老宅子哪个不要拆？"年轻人摆了摆手，脸上露出无奈的表情。"知道您的心情，但您也得理解下我们这跑腿的不是？就当积福了。"

这时，我突然感到身边的风被鼓动了一下，梁晚秋刚好从人群中钻出了一个脑袋，顺着人流挤到我的身边，露出两颗小虎牙："以前没看出来你爸那么倔。"

"这些大院都要拆了吗？"我回过神来问她。

"是啊,这院子太老了,留不住了。"梁晚秋突然仰起脑袋来瞧我,眼睛在艳阳下亮晶晶的,叫我不由得想起老街的那汪清水。"我家行李打包好了,下周就搬走。"

"搬到哪儿去呢?"

"我爸说搬到新城区的高楼公寓里,再也不去住四合院了。"

## 陈建国

这一回,我彻彻底底当了一回钉子户。

我跨过大院门前的门槛,听到传来的推土机的轰鸣声,才真的觉得我脚底下这所当年一砖一瓦建起来的院子就快要被毁掉了。就像从来也不曾发生过的事。

我在院子中央的藤椅上坐下来,阳光刚好从桂花树的叶子缝隙之间零零落落散在青石板上,也散在墙壁中央挂着的那幅老照片上,游离开一块不大不小的光斑。我想起第一次见到这张照片是在老爷子生前的中山装里。

"隔壁梁家下周就要搬走了。"妻子从灶间探出头,叹着气,双手缓缓地将盛着饭菜的碟子布在桌上。

我没应妻子的话,只是轻轻地晃了晃藤椅。地面卷起了一阵风,带来了树枝上连绵不绝的蝉鸣。远处的房间里,陈小生在书桌前埋着头,桌上堆着一沓书,这让我突然想起我儿时的事。漫天的夏季蝉鸣,所有坐在书桌前、系着红领巾埋首苦读的时光与岁月,还有藤椅上那个摇着蒲扇熟悉的男人的背影,就像洪流一猛子冲进了我的记忆宝匣之中。

老爷子非常喜欢院子里面种着的那棵桂花树,他说老太太以前最喜欢桂花树,在农村支教的时候,没有别的喝的和吃的,她就用桂花来酿酒。老太太已经随着桂花的开落逝去许多年了。这之后,我再没有喝过桂花酿的酒。只是每日清晨都会看到老爷子提着扫帚打扫的背影。浮在青雾里，看不甚明。

远处轰隆隆的巨鸣声纷扰了我突然涌起的思绪，等到猛然回过神来的时候，妻子已经张罗好了饭菜，大声喊着陈小生出来吃饭了。

其间，陈小生突然停住了筷子，他看了眼我背后的桂花树，神情有些复杂地盯着我："爸，这院子真的要拆吗？"

他见我不开口，又说："那么这院子拆了，爷爷的桂花树是不是也会被砍掉？"

"小孩子吃饭别说话。"妻子责备着他，他就没有再继续问下去了。

我的鼻尖仿佛闻到了一阵桂花的香气，和当年在树下闻到的气味别无二致。但现在分明还不是桂花花期。

我挖了口饭送进嘴里，只能默不作声。

## 梁晚秋

"晚秋，回家吃饭啦！"

"来了，来了！"

我抱着手里的猫循声跨过院门口的那条高高的门槛，脚步"嗒"一声稳妥落在地面上，就像学校里上围棋课时，棋子敲在棋盘上清脆的响声。

隔壁的陈家大院也面临拆迁，就像我面前这个院子一样，马上就会被夷为平地。不知为何，想到这儿，突然就觉得心中泛起了一阵如浪潮般的苦涩。

我听见房间里隐隐有啜泣声，断断续续透过门的缝隙传进我的耳朵。母亲站在门槛边对我叹了口气，她直直地望着被四合院四方的檐包好的天，脚边摆着一大包行李，她也没有看我，也没有去管灶房里快要沸腾的热水，只是神色有些戚戚然。

"带您去新城区住大房子不好吗？非要挤在这儿，图什么您啊？"里屋传来一个男人的说话声。

"搁这儿住大半辈子了……"

"好了，别听了。"

母亲用手拍了拍裤脚染上的灰尘，打破院中凝结的空气，她清清嗓子："哎哟，好了爸妈，晚饭做好了，赶紧吧。"

怀里的猫用爪子拍了拍自己的脑袋，尖尖又细细地叫了一声，这叫声仿佛吓走了树上叫得正欢的蝉。

从里屋一言不发走出了一个老人，他拄着拐杖，神色有些威严。这个老人是我的祖父，他是名退伍的军人。他看了我一眼，只是默默无语地拍了拍我的脑袋，然后径自走进了灶间里。

祖父退伍后就一直待在北京的这个大院里，母亲说祖父母对这四合院的感情，就好比军人对于国家的感情一样真挚。

房间里还隐有哭声，但已经弱下去一些了。

再晚一些的时候，院门口来了辆卡车，母亲说，这是来拉家里行李的车子。

"妈，新城区的高楼比我们这院还好吗？"

母亲看了我一眼，点了点头。

"我们是不是再也回不来了？"我又问。

然而这一次，母亲没有回话。

卡车载着一车的行李驶进远处喧嚣而起的晚风里。我又把脚跨进门槛里，发出"嗒"的一声声响。

我想，大概搬进了高楼，就不会再有这样的门槛了吧。

## 陈小生

我再次回到鼓楼街时，已经离我们全家搬出四合院过去了整整四年。

鼓楼大街上再没有一所原来模样的四合院，连胡同口原来的井也不知去向。

父亲始终不肯再来这条街，他说他不忍看到祖父留下的院子变成一堆废墟。

汪曾祺说："胡同和胡同文化总有一天会消失的。"

四合院也一样。我想迟早有一天，四合院真的会在这土生土长的北京城变成一件不曾发生的事吧。

不见长安　　　　　　　　　欧　彤
执子之手　与子偕老　　　　王淮畅
寄十二郎　　　　　　　　　张嘉睿
战马　　　　　　　　　　　王瀛晗
旧时戏　　　　　　　　　　朱怡玲
近黄昏　　　　　　　　　　张嘉辰

## 落日里的战马

# 不见长安

上海市进才中学高三

欧 彤

## 壹

"别过来。"

"那里是悬崖。"

初冬的塞外已经落了一层薄薄的雪,她自雪地上踏过,走在前方替我引路。若不是因为双眼被一层素布蒙住,或许我也能看到周围的美景。

记得往年来这里的时候，苍山覆雪，明烛天南，连青冥都在这大雪纷飞中显得安宁下来。

只是战乱长安，何时才能安宁。

"若是等你眼疾好了，我再带你来这山上看月亮。塞外的月亮是我见过最美的风景。"少女的声音如同银铃。她也是十四五岁的及笄年纪。我猜测着她的模样，突然想到了已经故去的家人。

如果妹妹还在的话，也是和她一般大了。那时候的元宵节，长安的闹市一片繁华，妹妹总喜欢拽着我的衣角，跟在身后不停地唤我"阿姐"。我们挑灯从长亭走到短巷，从暮色四合走到寂静子夜。她对我是那么依恋，而这种依恋一直持续到那一个夜晚，至死方休。

少女突然出声问道："你在想什么？"
"我有些想家了。"
"是了，我听村民说你是长安人氏，怎么会想要到塞外来？"
一路上虎视眈眈的人们太多，从长安逃亡至此时我未敢与他人有过太多交流。也许是她太像过去那个拽着我衣角的少女，我便随口哄她道："我来塞外，正是为了看中秋的月亮。"
她笑起来，仿佛露出了虎牙："巧了，我也是来这里赏月的。我自幼无姓氏，他人皆唤我青辞。你怎么称呼？"
"余霜。"

塞外的雪山罕有人至，在她多日悉心照料下，我的眼睛终于有所好转。只是暂时不能看刺眼的皑皑白雪，只能蒙着眼纱在夜间散步。

纵使当时不能看见，过后我每每回想起来，总会觉得那时的月亮是我一生中最美的风景，比盛世长安更美，比华清宫更美。

青辞总是有很多话说，她有时会说起遥远的故乡，却绝口不提那里的名字；有时会想起自己的家人，却从不肯说他们的姓氏。更多时候，她会说起我像一个人，一个和她血脉相连的人。

"你和我阿姐真的很像呢。我们第一次相见时你蒙着眼纱，我都不敢贸然相认。"她幽幽地长叹。

我摸索着择下药草，一边放在鼻尖嗅了嗅气味，断定是黄芪后收在一边，闻言忍不住笑了笑："现在还觉得像吗？"

"不像了，"她应该是摇了摇头，嘟囔着说，"她可不喜欢医术，但她舞起来很美。"

我佯装正色道："医术有什么不好，医者当悬壶济世，普度众生也。"

话出口我便怔住了。她原先是笑着的，见我不言也敛了笑意，有些惴惴不安地望着我。我不再说话，一味沉默着择草药。

## 贰

这句话，原先是我的师父说的。

无论过了多长时间，我都无法忘怀那个晚上。

过去父亲总说，唐不再是原先的太平盛世，皇帝宠信贵妃，奸佞横行。母亲只是叹气。我和妹妹尚且年幼，自以为处在家中的大宅子里便可一世无忧，可以不见长安，不理兴衰。

而我的师父，是我见过最温柔的女人。

过去她一身傲骨行走江湖，后来委身于府中成了门客。母亲希望我和妹妹能成为大家闺秀，师父却会偷偷教给我简单的武功招式以御敌。她有时会在暗处拭剑，追忆过去红尘中的岁月。

"我教你武功，不是为了让你以后伤人，而是在最危急的关头，至少你能脱身。"

那时我懵懂地应下不以武功伤人的誓言，不明白父亲何等一个清廉的臣子，为何会有人想要置我们于死地？却又向往着纷扰遥远的江湖，说："等我今后学成了，和师父一同远离人间，仗剑江湖吧。"

她只是笑，却从未应答。

而后父亲越来越容易焦躁，时常叹息着"黄钟毁弃，瓦釜雷鸣；谗人高张，贤士无名"的话，仿佛忠言逆耳就能惊醒圣上，却落得一个乱臣贼子之名。

那一夜哀鸿遍野，府中的鲜血随着长安的紫陌红尘一道蔓延。父亲打点上下，催促我同妹妹逃命，同母亲去了大堂，一路走，一路高歌，坦然等着前来抄家的神策军。

我没能保护好妹妹，师父现身时替我挡了一剑，一人独自与二十名神策军将士缠斗，兵刃交接，最终是花了眼。

后来我在逃亡的路上才听说，那一夜的余府，无一生还。

记得师父说过："医者当悬壶济世，普度众生。"

"以后你若是出了什么事，只要有我在，必能保你周全。"

"答应我，不要用武功伤人，否则只会引得更多的杀意与怨怼。"

师父还说："你走吧，别管我。"

## 叁

眼睛拆纱布的那一天，我终于看见了青辞的模样。

她与我想象的没有太大差别，有两颗虎牙，刚到及笄的年岁，一身红衣立于雪中。我们指天为誓，指地为盟，对着塞外的白雪义结金兰，再无二心。

她开始唤我"阿姐",一如我真正的胞妹。她擅长歌舞,说是被人收留之后在长安当舞女,师承公孙大娘。我隐约记得当年宫中是有一位擅长舞剑的佳人公孙氏,八千舞女位列第一,惊动天下,被杜甫称道:"昔有佳人公孙氏,一舞剑器动四方。"

只是后来五十年间似反掌,风尘颃洞昏王室,梨园弟子散如烟。父亲过去说王室耽于享乐时,也会说到公孙大娘的舞剑,末了却会说她确实名副其实。

"阿姐,你想回长安吗?"

两年后她终于按捺不住思乡之情,拉着我说起长安的好。回忆起余府和长安的往昔,我忍不住想回去看看当年那件事的收场,答应陪她一同回去。

长安依旧是"九天阊阖开宫殿,万国衣冠拜冕旒"的长安,只是在这平静下有暗流涌动。她在大街小巷人流最嘈杂之处驻足,道:"阿姐,他们一会儿就会来接我的。"

我默然,看她抽出双剑,舞起公孙的剑器舞,莫名有一丝不安。她比过去任何一次都舞得尽兴,汹涌的人潮驻足在她周围,观者如山色沮丧,天地为之久低昂。

有人上前搭讪:"姑娘可是师承公孙大娘?"

她但笑不语,我想后退,却仿佛被定住一般迈不开步伐。直到看见了杨家的轿子抬到,众人纷纷让位。有仆从战战兢兢地对着青辞道了声:"小姐,快回去吧。"

她是杨家之女。彼时杨家一手遮天,奢靡至极,是父亲口中的奸佞。

她突然望了过来,我隐进了人潮之中。

## 终

十年如潮水，堪堪涌过这乱世。

天宝十五年，安史之乱爆发。我穿上了戎装，在原来的余府前祭奠亡人。一杯酒一半落进黄土，一半落进喉间。

"……爹，娘，女儿回来了。"

我吸了口气，忍住哽咽的声音，继续说道："妹妹，替我照顾好爹娘，阿姐很快就会来见你。"

"还有，师父，对不起。"

我将长发掩进头盔，没人看到泪水流进厚实的盔甲里："徒儿本无意伤人，只是必须保家卫国。"

我作为军医，随着一批天策军死守长安，想着或许如此便能替父亲完成他最后的心愿。

大唐遭逢战乱，由盛转衰，我们终是寡不敌众。穷途末路之际，她一身红衣骑着战马现身战场，双剑替我挡下了身后的武器。

"……是你。"

她已经不再是过去那个天真烂漫的少女，眉间多了些肃杀之气，双剑由舞化作利器。她硬生生辟开一条血路，将我拽上马背带了出去。

那是一场酣战，我没能耗尽最后一滴血，却也命不久矣。

她将我带到了城外，一路无言，似乎有温热的泪水砸在了我的脸颊上。

"你每次都这样，明明是个医者，悬壶济世，却医不了自己。"

我已经无法反驳，也无力伸出手去擦拭她的泪。

她握住了我的手，想要解释什么："那年，我当时不知道，我不知道你会是……"

"别说了，"我笑着打断她，"我们……都没错。"

乌云蔽日，烽火连天，已经不再是过去的长安了。

"看……长安,不见了。"我喃喃道。

她也抬头看天,轻声说道:"阿姐,长安,会回来的。我再许你一个长安。"

我缓慢地合上眼,突然想起了塞外的明月和大雪,在严冬中氤氲的雾。

谁信京华烟尘客,独来绝塞看明月?

可我们都信了对方。

饶是在史书上见过了那么多的朝代更迭、世事轮回,我还是渴望唐能延续千古,长安能一世太平。仍旧渴望我能回到过去,同师父在林间喝一杯茶,研一池墨,父母尚还健在,一同看着妹妹谈婚论嫁。

如今长安已不见,徒留那一年的塞外明月。

她将双手覆上我的眼,一如十多年前。周围好似有明月,夹杂着长安的无边飞花,真美。

原来,竟是这副光景。

# 执子之手　与子偕老

黑龙江省哈尔滨市第三中学高三
王淮畅

死生契阔，与子成说；执子之手，与子偕老。
于嗟阔兮，不我活兮；于嗟洵兮，不我信兮。

——击鼓

"将军，敌军跑了，还追不追？"
"罢了。"孙子仲狠狠地闭了闭眼，"回去吧。"
"将军，这些兄弟怎么办？"小兵弱弱地指了指地上横七竖八的尸体。

你怔愣愣地走向那顶翻倒的帽子，重重地把它立在地上，站起身，回头看了看那个不知所措的小士兵，"好好埋了吧。"多希望不用再打仗了。

"将军，该启程了。"

淡淡的一句话却像古老的魔咒一样，穿过耳膜，重重地敲打在心上，寂静的篝火旁，红巾束起的长发已散落在眉间，遮住了眼中渐浓的戾气，无言地闭上了眼。

"七年了，还不够吗？"

老人颤巍巍地站起，扶正被风吹歪的发冠，弯腰作揖："将军，皇命难违啊。"是啊，七年了，这仗打一辈子也打不完啊，可……"子仲兄，难为这些将士们了。"抬眉望去，男子低着头，蓬乱的发，遮去了那张刚毅的脸，也连带着抹去了七年前的豪情壮志！

呆滞片刻，孙子仲无力地叹了口气，缓缓起身走向那已被敲击得发白的军鼓。

一声声尖厉又无力的嘶吼声、咆哮声，仿佛有着扯破苍穹的力量却又仿佛无力到无法叫醒将士们的心。

死寂的营地终于有了生气，窸窸窣窣的声音最终凝结成不齐的踏步，虽然脸上都写满了疲倦，却在眉眼间流露出丝丝的渴望。渴望什么呢？

回家，回家。回家！

还能回去吗？还能活着回去吗？

孙子仲扫了一眼排列整齐的将士们，苦涩地开口："将士们，明日启程，去塞北作战。"不愿却又不得不说下去。

一片死寂。良久，回应他的是一支支悄然落地的长矛直插入冻僵的泥土的声音，三千声沉重的闷响和三千颗沉重的心。

明明早就料到的，但还是这样伤心。

几千人围坐在火焰旁，几千支饮过无数次血的长矛亮得让人发慌。

"如果是最后一仗，就好了。"不知是谁打破了这瘆人的寂静。孙子仲笑了，笑弯了眼睛，不经意间竟在眼角渗出了一滴亮晶晶的东西。

　　一个士兵说，他想回家，回家看看他出门时还很健壮的父母，如今是不是已佝偻着背。

　　一个士兵说，他想回家，帮帮他那个做木匠的父亲，子承父业，给他爹打一口楠木棺材。

　　一个士兵说，他没爹没娘，只想回去看看那棵伴他走过孤独岁月的柳树，如今是否安在。

　　一个士兵说，他出门前和他的青梅竹马约定，活着回去，便为她披上红衣花嫁。

　　一个士兵说，他的小女儿已经八岁，来时还只会牙牙说话。

　　一个士兵说，他来时只是十七岁，胸怀天下，而如今已过二十弱冠，却只想归家。

　　大家你一言我一语地说着，终口不提生死，而将军只是静静地坐着，不时狠狠啐一口酒，我只希望你们都能活着回去。

　　这大仗是最后一战了吧，不到三千人的士兵，遇上了近三万人的敌军。他被寒冷折磨得双手已无法承受鲜血的重量，但他身后还有三千人，士兵们拍拍他的肩说："上吧。"

　　喊杀声越来越小，浑身都是鲜血，连矛上的红穗也被浸得发黑，不知是谁的血，也早已忘了为何杀人，生命不再是生命，只是胜利的标度。

　　孙家军终于是散了，消散在了莽原的黑夜永恒的遗忘中。看着涌上来的几十个人，孙子仲的手再也握不住鲜血淋漓的矛了，闭上眼，感觉到被矛尖刺进胸膛的凉意，也算是，同生共死了吧。

　　孙子仲还是回来了，带着满是伤痕的自己。他只是走着，慢慢地走过那些将士的家乡。

那对白发苍苍的老夫妻带着对儿子的怀念,溘然长逝了。

那个以做木匠为生的老父亲打了两口棺材,一口给自己,一口给儿子。

那棵柳树早已被伐,只剩下突兀的树桩。

那个年轻漂亮的姑娘已嫁为人妇,儿女成双,但腰间却总挂着一枚双鱼玉佩。

那个八岁的小女孩早已出落得亭亭玉立,却依旧挂念着那个一去便不归只在母亲口中听说过的爹爹。

后来,孙子仲又回来了,跪在一排将士冢前将手中的酒一饮而尽,脸上挂着笑地倒在了地上。

风吹过,带起垂落在地的青丝,也吹来荒凉岁月的歌声:

击鼓其镗,踊跃用兵。土国城漕,我独南行。

从孙子仲,平陈与宋。不我以归,忧心有忡。

爰居爰处?爰丧其马?于以求之?于林之下。

死生契阔,与子成说;执子之手,与子偕老。

于嗟阔兮,不我活兮;于嗟洵兮,不我信兮。

# 寄十二郎

天津外国语大学附属外国语学校高二

张嘉睿

吾侄阿成：

  阿成，许久没和你说话了。那天夜半忽梦到咱们小时候，细细数来，也是有三十多个年头了。阿成，你出生的时候特别可爱。嫂嫂说，我那时候才四岁，秋婆婆怕我不晓事伤了你，不叫我抱，总把你抱到我哥哥那儿。然而我不见了你，总要哭闹好一阵，嚷着要阿成，真心不像话。现在看来，我真是从小爱折腾，不像你，总是安静讨人喜欢。

  后来咱们一起去私塾，下学堂逮兔子，都是你帮我放哨。有次不小心把衣服跌破了，回家哥哥问我是不是又去胡闹了，我刚想承认，眼看要挨一顿鞭子，你却接过话来，道是你拉我去的，结果你被哥哥关了一晚上不给饭吃。

我半夜摸过去找你，本来想和你道歉的，奈何窘迫得不行，塞给你两个包子，就跑了。从那以后，我便一直不敢和你一起打闹。你身体一直不好，总怕你被我连累，又是一顿教训。唉，真是对不住你！

想来你身子虚，怕是哥哥走的那年落下的病根。嫂嫂说咱家人都早成，别人黄毛小儿什么都不懂，咱家却是个个都会哭闹的主儿。哥哥去世的时候，我也懂了些事，看着嫂嫂扑在哥哥的棺材上几乎要哭晕过去。当时所有来吊唁的人都在一旁安慰嫂嫂。我插不上嘴，只得干着急。转眼看到你在墙角愣怔怔地杵着，一句话都没有。我跑过去一把拽过你的手跑到原来一起回家的秘密小林子里，等停下来发现，你还是那副愣愣的样子，看得我揪心。好一会儿，你哑着嗓子问我："我爹是不是回不来了？他们是不是在骗我？"我哑口无言。你突然号啕大哭起来，问我要爹。我也只能一边哭一边抱着你，在你耳边小声说着不要哭。

回家后，你和嫂嫂都大病了一场，大夫开了几服药，哼喃着"心病，医不得喽"。

十九岁那年，我去了京城。临行时，我嘱咐你，家里大大小小的琐事不要放在心上，我都会打理好，让你把身子养好，有什么事都有小叔叔给扛着。你只应了个"嗯"字，只是声音比记忆里哥哥去世时的更哑了。

在京城四年后，我回来看你。你已娶妻，侄媳虽然才貌皆上乘，但总觉得于你还远远不及。莫要多想，我只觉得你值得更好的。娶妻之后，你倒是常常爱笑，浅浅淡淡的和着你眉目间的气宇，很是好看。我嘱咐了大夫要仔细你的身子，底子要打好。和你寒暄了数日，便回京城复命了。

再见便又是四年，嫂嫂最终也走了。那时你也是那副模样，苍白得透明的脸色，直着腰板跪在嫂嫂和哥哥的灵位前，一句话都没有地杵在那里。我又把你拽走，但你和小时候不一样了，再也不会问我那么幼稚的问题了，也不会那样痛快地哭出来了。

后来我跟着董丞相辗转汴州，你来看我，我真是又心疼又开心，你一路颠簸到汴州的时候旧病复发，在床上养了半个月才好些。

你我叔侄二人相隔八年，却恍如昨日才分别，又好像分别了数十载，未曾生疏半分却有无尽的话要说与对方听。每日我理好公文便与你一聚，品茶说画道不完的乐事。

总感时间短暂，便叫你去接妻儿。

总叹世事无常。我这一离开，如孤舟江河，跌宕啊。

转而到徐州，也未曾安定下来，就想着接你过来一聚。与你的书信就与罢免的书信在前后间，每每想来，终究是错过了。

后来啊，再见到你的书信也是时日良久了。你说你染了软脚病，那时我分身乏术，总觉得有大夫医治，你的身体应无大碍，便只草草叮嘱了你。

阿成，你是不是又没听我的话。从小我就知道，你不爱说话。你却说自己最爱和我说话了，我却觉得你还是闷葫芦，肚子里都是籽。

阿成，终究是我欠你太多了，你现下又不想理我了对不对，一连给你去了好几封信，却了无回音。

阿成乖，原来你问我那红木簪子为什么不送于你，莫非是给你婶婶的？我现在告诉你好不好，那是我母亲出嫁时戴的簪子，是上好的红木，那时家中不富裕，这怕是件贵重玩意儿了。父亲跟我讲，簪子是个念想，看着它，就会想到母亲出嫁的那天，红盖头掀起来的时候。每每谈至此，父亲总会跟我说："愈儿啊，你娘是这世上最美的女子。"

"阿成，我把它送给你可好？"

阿成，我现在看着谨儿和慎儿，颇有几分当年你我的样子，慎儿和你一样，谨儿似我一样，离了谁都不行。你来看看他们嘛，谨儿都能看懂四书了。

  阿成，许久不见你，感觉自己苍钝了许多，那日梳洗后在铜镜里，瞥到了几缕白发，想来，也是黄昏近了。

  阿成，小的时候你问我，桃源是否真的存在，我说真的有啊，等你长大了，咱们一起去找，一起住在那里。阿成，你是不是一个人先去找它了？是不是？不然我为什么找不到你了呢？

  阿成，等我好吗，我定不负约。

  魂兮召矣，木兮赠予；尔以往期，灼以成玉。

  魂兮召矣，木兮赠予；尔以往期，灼以成玉。

# 战 马

黑龙江省哈尔滨市第三中学高二
王瀛晗

我从不怕利刃穿过我的胸膛。

我一直希望能有个两全的选择，可实际上谁也不是救世主，甚至连独善其身都很困难。

幸运的是，我依然可以怀念当初的自己。

# 一、边城鼓角起

黄沙漫天。

风沙中那些脸庞已模糊不清,只有铁甲反射出的阵阵寒光昭示着一个个鲜活的生命,手中挥刀的动作已经机械甚至麻木,那冰冷的刀刃几乎要冻结他的灵魂,鲜血迸溅,染红了他的眼。

仿佛大脑也一同被冰封了,他本能地手起刀落,可他不曾停下。脑海中只有一个声音,如同悠远的梵音,一遍遍地重复着:"冲吧!冲吧!不能输,不可以认输!"风扬起了他的红披风,热烈又招摇。他像从不会倒下似的,只顾策马向前,留给后面的人一个坚实的背影。

连日的奋战已让所有人疲惫万分,可是没有人后退,这是这支精锐之师的信仰,亦是荣耀——哪怕是直面死亡之时,宁可奋战到最后一刻,也绝不会有人愿意做那个逃兵。战士,生来便是同生共死的命。国家、伙伴,统统是比自己生命更重要的东西。逃,更是莫大的耻辱。

风声呼啸充斥耳畔,战士嘶吼,烈马嘶鸣,兵器相接,千军万马奔腾,有地动山摇之势,鼓角奏鸣时的震耳之声仿佛仍在回荡,为这不知何时才可终止的战争平添了一抹悲壮之色,又仿佛是在告慰那些尚未安息的亡灵。

那个少年将军,手持利刃,当仁不让地冲在最前面,为自己的同伴生生杀出一条血路。他,是不屈的脊梁,是铮铮铁骨,是烈血忠魂,是最强力的一针镇静剂。

金戈铁马,气吞万里如虎。

远处的战旗缓缓地倒了下去,他知道胜势已定,一扬手臂,高呼一声:"弟兄们,冲啊!"回应他的是更加响亮的呼喊,震彻天地。

直到日头西沉,这一片土地才终归宁静。

彩霞满天,这天地仿佛融为一幅色彩浓烈的剪影,太阳是那样艳丽的红,鲜血是那样浓郁的红,连土地都染上了那样刺目的红,满目皆是红。他被这红刺得睁不开眼，只好低头抚摸着身上马儿的鬃毛。最后终是翻身下马，向着这伏尸遍野的土地深深地弯下腰。

这一战，终是结束了。

## 二、醉中叹

这注定是一个不眠之夜。

篝火灼灼，歌舞欢庆。将士们褪下了方才的肃杀表情，嘹亮地唱响了铿锵战歌，畅快地饮酒吃肉。经历了旷日持久的浴血奋战、疲乏与挣扎过后，他们似是要将最后一丝激情也燃烧殆尽。

这是高兴，他知道的。

只有将军帐里一直悄无声息。

"怎么不找将军跟咱们一起庆祝？咱们打了胜仗，将军肯定得记头功。"

"将军一向不爱这种场合，还是别勉强的好。"

"可是……"

"别可是了，将军自打回来就没出过帐，肯定又在看兵书呢，别去打扰了。来，咱们喝酒，喝酒！"

人声鼎沸，很快大家便忘记了这小小的插曲，继续投入忘情的狂欢。此时，将军帐里，只余几个空了的酒坛。那张扬的红披风安静地挂着，将军却不见踪影。

将军只着一身黑衣，静默地融入无边的夜色，远离喧嚣的人群，最终停在了马厩门口。他放轻脚步走进去，走到一匹红鬃烈马前，那是他的战马，是几年来陪他一起驰骋疆场、无数次共赴生死的伙伴，是他挥刀向前时最坚实的支撑和依靠。

他轻轻抚摸着战马的脊背。"有三年了吧，这仗已经打了三年了，已经三年没有回过家了。"他忽然轻笑一声,"家对我来说又是什么呢?将门之子,注定要踏上这条路,呵,真是条孤独又漫长的路。"

"自小读书、练剑、骑马,它们日复一日地填充着我的生活,也早已融为我的血液。我渴望过逃离,却又很感激,因为我只有踏上战场的瞬间,才觉得是真真正正活着的。我很累啊,拼尽全力落得一身伤,却只是父亲一个引以为骄傲的筹码,竟没有一个可以倾诉的人。只有你,能算作我的亲人了吧。"马儿发出一阵低低的叫声,似是安慰,似是悲伤,"这军中的马都有名字,可我一直未给你取名,兴许我是觉得你本不该属于这里。你本该是自由的。"

将军缓缓踱出马厩,抬头仰望那一轮孤月,许久,许久。忽地他仰头大笑,笑着笑着竟泪流满面。他知道,所谓宿命,谁也逃不掉。

## 三、岂曰无衣,与子同袍

我是没有名字的。自我西征以来,我就知道,我的名字就是将军。这是责任,亦是我的人生。

将军,我曾无比热爱和崇拜这个词。

那是盛夏时分,燥热的空气中浮动着慵懒的意味,在那个阳光明媚得令人昏昏欲睡的午后,我第一次见到这句话"岂曰无衣,与子同袍"。我激动地跑去找先生,那是一个高高瘦瘦的老人,温和慈祥。我还记得他用温暖的手抚摸我的头顶,微笑着说:"我们未来的小将军,一定会非常了不起。"

那时的我是那么相信,我会成为一个了不起的人,拯救黎民于水火。可事实是,我连自己都拯救不了。如果没有直面战争的残酷,我不会意识到千军万马、气势凌云的背后,是无数无辜人民的鲜血,是无数的家破人亡。其实我们都是牺牲品。我们怀着英雄梦想,怀着为家国大义不惜献出生命的热忱，追随着心中永不消逝的信仰，为了国家民族燃烧着青春与热血，这是无上的荣光！可说到底，我们都是普通人，没有金刚不坏之身，每一次的冲锋都是一条条生命的消逝。我改变不了什么，只能给这些英雄送上我最诚挚的敬意。

民族大义与每一个鲜活的生命，这个选择太难太难，恐怕穷其一生，我也无法做出尽善尽美的选择。

"与子同袍"，我曾那么渴望与子同袍，而今却物是人非。

## 四、铃声悠悠

我想，我是热爱着战场的，至少在那时我还能感受到血液的沸腾。我想，我也是爱着这大漠的悠悠驼铃声的，否则我不会安静地听一整个黄昏。

寒冬要来了，最后一役迫在眉睫，长达三年的拉锯战是时候画上句号了。军中休整的时间，我独自来到这边陲小城。不同于大漠的荒凉，这里很热闹，飘散着的缕缕炊烟都是温情的味道。一个人逛逛停停，仿佛时间静止在这里，我可以暂时不去想那些是是非非，还好，这一切都要结束了。

虽然这结束终是以一个民族的溃败为代价，但至少可以换来这片土地暂时的安宁，而不是充满了挥之不去的血腥，这也可以算作一种幸运吧！

夜晚的马厩格外安静，靴子踏在干草上嚓嚓的声响格外清晰，我踱到我的马前，为它戴上一枚铜铃——那是白天在集市上买来的。马儿摇摇脖子，清脆的铃声顿时蔓延开来。我不禁笑出了声，解开束着它的绳子，翻身上马，"今天带你出去放放风！"马儿前蹄微扬，长嘶一声，迎着猎猎北风肆意奔驰，风拂过脸颊，说不出的畅快。马儿奔过之处，均撒下一片清脆的铃声，混杂着风吟，所谓笙歌一曲暮云低，不过而已。

马儿，我们就要自由了。

战争，终将不再是束缚着我们的那道枷锁了。

## 五、尾声

三月，烟雨江南。

先生的茶馆人满为患，先生又在说故事。

那是一个边塞战歌。故事已近尾声。

"最后一段，我军大获全胜，只是当士兵们破开城门后，才发现将军已经不见了。没有人知道他去了哪里，只知道，他那张扬的红披风就系在他那死去的战马身上，裹着马儿的尸体，迎风飘扬。"

"士兵们将他的披风带回了长安——他的故乡，人们都说，这也算是，魂归故里。"

铜铃悠悠，时光被拉得悠长，悠长。

一个小男孩打破了沉默："先生，将军到底去了哪里？"

先生的目光渐渐变得模糊："他……他去了他渴望已久的自由之地。"

可是，他很怀念漠北的黄沙漫天。

秋风起，黄沙扬。

（指导老师　李牧舟）

# 旧时戏

上海市嘉定区第二中学高一
朱怡玲

## 一

巷子两边的白墙黛瓦在阴沉沉的天空下越发肃穆起来，青瓦灰墙上那些被雨水浸湿了的墙缝里钻出几株暗绿色的小草。我吃着梨膏糖在巷子里跑啊跑啊。深深的巷子里悠悠地传来了皮影戏的声音，用力地推开掉了漆的大门。一条长凳，凳上放着把二胡，一块白色幕布，布上的皮影小人活灵活现地动着。大门旁的罐子被撞到了，发出了响声。"阿瑜，你又闯什么祸啦？"幕布后的老人探出了头，慢悠悠地说道。"没有，爷爷。推门不小心撞到了罐子。"

爷爷每天不是闷在屋里雕刻皮影，就是像今天这样，一条长凳，凳子上一定要放把二胡，那是李爷爷的二胡，唱的总是《霸王别姬》，刻的也总是那套《霸王别姬》。我问爷爷为什么总刻这套，他只笑笑说你李爷爷嫌我刻得不活。爷爷也卖过一些自己刻的皮影，唯独这套《霸王别姬》没人敢问，没人敢碰。记忆里少有的几次奶奶和爷爷吵架也几乎为了这个。以前李爷爷在的时候，我也问过他，他却一把抱起我说："小阿瑜，李爷爷给你唱'哪吒闹海'。"

## 二

台下整整齐齐放着好几条长凳，一会儿便坐满了人，走道里也站满了人。有的手里拿着瓜子，一边嗑一边听，有的右手拿着茶壶，左手捻着胡须。

今儿演的《霸王别姬》，大家都屏息凝神地看着那一方幕布。旁边的长凳上坐着拉二胡的年轻人。一幕终了，幕布后的年轻人探出了头，一笑露出了洁白整齐的牙齿。"谢谢各位老少爷们的捧场！"台下的观众陆陆续续离了场。我收拾了装皮影的桃木箱子，和还在撤幕布收乐器的老梁他们打了声招呼，也混着闹哄哄散场的人流往前挤着。

炎生放了二胡，拿出两张戏票，笑了笑说："咱们老唱皮影戏的《霸王别姬》，还没听过人家的京剧。今晚有程老板的戏，咱们也开开眼去。"

## 三

爷爷让我打点井水，好把西瓜浸在里面。我学着爷爷的样子，把桶倒扣朝井里扔。折腾了半天才打了小半桶。小孩子总是贪心的，把那小半桶倒了又重新打，结果这回舀了满满一桶，双手绕紧了绳子，绳子抵在肩上还是拎不上来，只能大喊在屋里刻皮影的爷爷。

爷爷把西瓜浸在水里，我问他："爷爷，那副皮影你刻好了吗？""还早呢！我和一个人约定好了要刻一辈子的。刻好了，我这一生就没什么遗憾咯。""一辈子，那要很久很久咯。""一晃眼，没多久。日子过了就好了。你还小，有一天你会知道的。"

## 四

"汉兵已略地，四面楚歌声，君王意气尽，残妾何聊生？"

我正紧蹙着眉，眼看风华绝代的虞姬就要为项王自刎，炎生却忽地说道："听说这程老板曾跟他师兄说要和他演一辈子戏，他还说，说好了是一辈子的，少一个月、一天、一个时辰都不能算是一辈子，我们以后也要演一辈子的戏。"我当时有意逗他，故意反驳道："咱们唱皮影的不一样，我一个人也能演完一出《霸王别姬》！"没想到后来一语成谶。

## 五

就像爷爷说的日子过了就好了，一天天快得很，又是一个春日。李爷爷就是在这样一个阳光明媚的春日里走的。那天中午爷爷躺在躺椅上抽旱烟，又好像是睡着了，隔壁的梁爷爷来找爷爷。

我在屋里只隐约听见梁爷爷说："炎生没了，临咽气前给他儿子留话，说啥也别弄了，请你顾汝清唱出皮影戏就行了。"

三天后，爷爷领我去李爷爷家。我记得李爷爷说不喜欢我哭，哭了他要心疼的。

我没哭,爷爷也没哭,但我知道爷爷肯定是很难过的,奶奶说人很伤心很伤心的时候是流不出眼泪的。

我还记得那天他唱完《霸王别姬》后,就像个失去了心爱的玩具的小孩,他对着冷冰冰的棺木说:"说了是一辈子的,少一个月、一天、一个时辰都不能算一辈子。"

后来他把所有的皮影都锁在了桃木箱子里,包括那副《霸王别姬》。他说:"你李爷爷不在了,我一个人唱皮影戏没意思。"我突然后悔起来,从前爷爷想教我唱皮影戏,我却死倔不肯。

梁爷爷望着爷爷萧索的背影说:"唱了这么多年的皮影戏,最后把自己也唱进了那戏里去。不过就像当年炎生说的,日子过了就好了。"

# 近黄昏

江苏省常州市高级中学高二

张嘉辰

卜弋桥的黄昏特别美，母亲总说，她尚记得黄昏时看见外公归家时的激动。

我未曾与外公谋过面，唯一的印象也仅仅是悬于门堂上角的黑白照片。一切有关于他的事，只是从母亲的叙述之中得来。

外公姓何，名产兴，1949年出生，属牛，在六个子女中是长子，但仅有一个弟弟。在乡下日子很是清贫，一家人仅靠太公一人务农来维持生计。太婆据说是高邮一户大家的小姐，干不得重活，只能在家做些针线，但仅是帮六个孩子打理衣食起居就足以焦头烂额了。

老舍在如今老街的前几家，街两旁植有香樟，四季飘香。

至于他如何成人的这一段就很模糊了。待到他初中毕业，回家务了两年农，褪去稚气。

因为家里有六个孩子，他有幸分配得了队里的照顾名额，可去新开的卜弋煤矿做工人了。正式工人在当时可是打着灯笼也寻不来的好行当，外公不假思索就答应了。

在井下的时光尤显得漫长，特别在单调冷光下，机械地探索深邃。对于血气方刚的小伙来说，这无疑是彻骨的，冲淡血性，将对美好生活的期许化作愁眉不展。

煤将劳碌刻入他的血脉。

外公渐渐寡言少语，可能是因为与在暗无天日的煤矿坑道里工作过久有关吧。太婆当时极力反对外公下煤矿，但都被外公与太公的沉默搪塞过去。于是，只要外公上日班，太婆总要立于街口。

往往是黄昏将尽时，他们的影子被拉得极长。

旧街于印象中布满潮湿温润的水汽，从前应更是如此。香樟的枝叶在初秋沾上点枯黄，残存的瓦砾边有凉透的清秋，衬着锈迹斑驳的木板门框。在太公太婆屋后有一狭长的天井，几盆花，几只兔笼。径直到后院，院底围了土墙，其上开有大半人高的柴门。开门便见二分薄田，院底围了土墙，植有日常的小菜小蔬。

后来，外公已是适婚年龄。太公未给他置婚房，仅是把这二分地给了他。外公人老实，欣然收下。

于是，地基、筑梁、上梁之事全由他一人把握，三班倒的班，一满工时，还未等接班同志交接，外公便要打好招呼赶回来，搬砖捣泥。工友还算理解他，好心将日班的空当都留他，好叫他早日娶上媳妇。外公则憨实地允诺以后还。

好在天公作美，也好在外公正值年富力强，上工受了累，一晌觉便可补个大半。盖新房仅他一人，于是盖了一人屋，放在今天算得上单身公寓。这极简的青瓦房，是青砖墙，草顶泥地。外公只置一张榉木的床，便耗去了小半年的血汗。

新房有了，新娘还在闺房，外公时常调侃。

巧的是还不足三个月他就与外婆结了亲，本来对他一个"黑煤渣"很少会有人考虑的。

外婆姓姜，因家中最小，故名小妹。之后不久，先后有了大女儿燕萍，小女燕芬。

外公于是更卖命地工作，旁人讥笑他生女儿还这么拼，不是白忙一场吗？他也不表示任何。

几年后，陆续几个姊妹都嫁出门去，弟弟士诚也要准备新屋。外公本在士诚成亲之前便想着要搬出去。一来可以避免外婆与太婆之间的口角，二来考虑到孩子渐大，再不好四人挤一张床了，也正好可给二弟腾地儿，省得再费周折造房了。这事外婆自然是不肯的，自己的房产怎可这么轻易地拱手相让？事情僵持了有个把月，士诚也学外公在老宅的两侧盖了新房，此事也算告一段落，但外公这儿并未翻篇。

卜弋桥西边连着国道，终日熙来攘往。逢每月一日、六日、周六都有赶集。自西边来的有做批发的染坊铺的各式料子，北面常来些做干货生意的，小至葡萄干，大至风干牛肉，东西都全。更有各类农具，耙、镐头之类，可在主路旁的护栏处靠上二三排。最多的当然还是做零零星星小生意的，占着路中间，支起木床做简易的摊桌。街头巷尾，人头攒动，鲜有停歇。

但日常想买些日用品，只有去对过的供销社。双坝村也在对过，有池深水，四周围满芦苇，秋日时芦花雪白，在麦地正黄时尤为显眼。

外公每日必将穿村去他的自留地，好照料田产。大概在往来间用步子量出了最佳的位置，外公决定在村头第二排批地盖房。

他早在井下与工友闲谈时，得知了公家允许批地的事，只是很久才做出此重大决定。

当年秋末，外公用条大前门一罐久酿的米酒，在队长那里将地批下来。当晚，他兴奋得一夜未合眼，借月光四处打量屋里的物件，有外婆陪嫁来的大橱，身下的床，隐约的小灶，也没有其他了。

随后外公外婆便开始着手购置建材了。砖、瓦、石灰、黄沙、楼板，一样样都是无中生有。往往就是，他们在路上耽搁了，就只好由燕萍来掌勺，端一张方凳，立在上面炒，燕芬则于一旁猫着生火。

石灰是外公亲自泡的，他从黄泥塘里挑水，外婆则在晒场上用锹来搅，一会儿便热得直淌汗，于是两人便要换回。

来年初春，他们拖了辆板车去二十多公里外的西桥去拖托人买来的钢窗。途中穿城，路过公园，他们无闲钱购票，总是要外公催着，免得耽搁时间。

一共得运三趟，老茧又换了一层。

第二次盖楼要方便得多，外公外婆将半生的积蓄都捧了出来，雇了人手，少了不少手脚。外公衰老了不少。挖煤带来的不仅是可观的收入，更是职业病，他常莫名地气喘、咳嗽。现在看来应是尘肺。

但对于他来说，看着自己的屋子拔地而起，他由衷地感到生活的希冀。在这种忙碌的兴旺气象中，他算是为自己的辛苦而得来精神享受。相比于农民丰收，他更觉得荣耀，即使他累死累活地在煤堆里弄得蓬头垢面。

这回，他是盖楼房，在双坝村乃至卜弋一带都是头一回的事。街坊都四下议论外公是如何发达起来的。原因便是，他们在地上闲谈休憩、家长里短时，他在地下用命来讨生活。

屋子花两个月便建成了。仍是青瓦，但用了红砖，墙角也用碎瓦鹅卵石夯实。这些碎瓦、石子都是一家在黄泥塘边一点点拣出来的，黄泥滩上的脚印一层又一层，大大小小。

房子有了，日子也就过得快了。

外公常趾高气扬地坐在楼前搁置的楼板上。近黄昏了，他会捧出一壶茶叶棒子泡得深褐色的酽茶，一个人灌，一个人絮絮叨叨。他全不像一个煤矿工人，不酗酒，也没有一身褪不去的烟臭。

他将此生的气力都掷于这栋房，黄昏尽头，他与他的疲劳都一同凝视着它。

不知何故，外公不意间寻到了姑婆留下的占卜用的书。他姑婆据说终生未嫁，在庵里受了戒。

外公饶有兴趣地给自己算了一卦，竟得出个八败命（一事无成，空忙一场）。冥冥之中，外公的心已凉透半截，他已在井下半生，当然应该已经习惯生死参半了。

之后他常虚汗，仅四十多岁的年纪，矿上已将他纳入退休人员的名单了。他惶惶不安，他的楼房，他还未受用够的荣耀，催着他去寻求心理的安慰。

他帮士诚栽秧，拉到二十里外的集上一扎扎地卖。他帮三妹家的印刷厂运货，一天三趟。他还帮着太公务农，贴钱买最好的肥，还围起鸡舍，外公依旧从早忙到晚，他用忙碌来填补他内心的空虚。

有时候他都怀疑自己盖这栋楼房是否会惊动什么神明，而他所荣耀的仅仅是自欺欺人吧。

真的，不过半年，他骑电动三轮给姑父运炉子、锅碗之类时，似中邪似的直直撞上了辆皮卡。当时他就人仰马翻，不省人事了。

大约是近黄昏的时候才被送到了煤矿医院。当时，进城的大桥正修，进不了市里的医院，就只可就近了。外公在途中竟还醒了，支支吾吾，也不知说些什么，可用老泪纵横来形容。

救了约有一礼拜，头上开了两刀，还是没有救活。真是苦头吃尽，空梦一场。

梦散了，外公也永别了，他仅留下了这栋楼房，将他的毕生悲喜也锁在黄昏。

如今，外婆少有提及他。她常说，趁自己还走得动，应多出去走走看看。

（指导老师　孔小婆）

| 未抵达 | 张一璇 |
| 小父亲和老父亲 | 刘凤仪 |
| 这是七点零八分的早晨 | 潘艺瑶 |
| 简单爱 | 黄立芃 |
| 深秋的时光 | 陆诗怡 |
| 阿婆 | 张知涵 |
| 与娘对话 | 俞舒扬 |
| 你是我心中的风景 | 徐梦清 |

## 时光折射下的爱

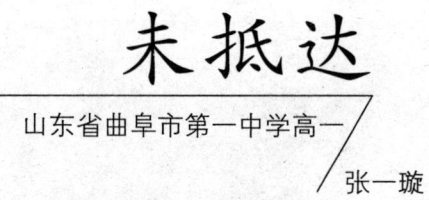

# 未抵达

山东省曲阜市第一中学高一 张一璇

> 我们以盲目之眼，隐约瞥见。
>
> ——题记

嘴巴里塞满了海苔味的饼干，机械地嚼动着，黑夜里冰箱枯黄的光缓缓流动着，食物带着坚硬的棱角划过柔软的口腔上壁，硬生生将铁丝球似的食物咽到胃里。只剩下手中沾满着的海苔粉末，黏腻的似我与食物刚才那场战争后剩余的硝烟，以及冰箱里徐徐散出的透着食物味道的寒气。

"啪！"冰箱门被猛烈地关上了。

妈妈打开了灯，强烈的灯光让我有一瞬间失明。我缩了缩脖子，像一个囚犯被妈妈的目光审视得无所遁形。我低头盯着裸露着的冰凉的脚丫，几乎已与地板一样冰凉了。

她把桌子上所有空空如也的包装袋都一股脑地推下了桌子，包装袋里残留的碎屑都散落到了地上。她晃动着我的肩膀，声嘶力竭地对我喊着："许麦加，你这是病你知道吗？"

我眯着眼松开了她禁锢着我的手，过长的刘海垂下来挡住了我的视线。我慢慢向卧室走去，脚下被食物碎屑硌着也不在乎。

是啊，我有病，我是个怪人。

从来都是这样的。喜欢光着脚丫在冰凉的地板上行走，睡觉前一定要检查衣橱是否关好，喜欢的贴纸哪怕有一处掉落整张也要扔掉。当发现自己的东西被打乱后会暴躁不堪一定要把所有东西都毁掉，讨厌尖叫、讨厌欢笑、讨厌一切正享受欢愉并加以炫耀的人，讨厌长发、讨厌人群、讨厌说话、讨厌朋友、讨厌一切人类编造出来的鬼神信仰，只穿有纽扣的衣服，讨厌留指甲，自己认定的东西一定要得到，喜欢得到别人吹嘘的东西并毁掉，喜欢别人远离我，喜欢手绘地图，看牙医，做数学题，喜欢拉着窗帘坐在地上看放映机讲述老旧的故事。有一台老式显微镜、一部摄影机，去观察各种恶心的细胞和拍摄怪诞的事情，享受不停吞噬食物。塞满胃的感觉，期待世界末日的到来。

我很怪我一直都知道。

不需要你们，任何人提醒我。

门外断断续续传来妈妈隐忍的哭泣声。窝在被子里将自己蜷缩成在子宫里的样子，肚子好像被玻璃割开似的剧痛，果然，又开始痛了啊。我努力咬着嘴唇，背部微潮，痛还在麻痹着胃部，双手透过衣衫捏着腹部，很大力地捏，直至嘴巴里尝到了铁锈味，才沉沉睡去。

早上站在镜子前看到杂乱的头发下，那浓重的黑眼圈，以及结了痂的下唇，掀开T恤，腹部果然有一块已经青紫了，稍微一扭动身体便会痛。

"嘶——"

桌上妈妈留下了早饭，空气中还夹杂着浓重的香水脂粉味。看来她今天又带着浓浓的妆出门，遮住那深刻的泪痕，就像她的面具，面对这可怜而又可悲的世界。打开窗子，冷空气霸占了衣袖间所有的空隙，就着冰冷的风咽下了柔软的吐司，坠入了伤痕累累的胃。

一如往常地来到学校，一如既往地做着习题，一如既往地把自己与其他人的界线封锁。天空渐渐被黑夜吞噬，铃声被迫不及待的高年级的人们逼迫投降，黑压压地都涌向校门，仿佛是不小心甩在纸上的墨点，丑陋而又可笑。像是一场声势浩大的快闪。拥挤的路上被刺鼻的饭菜味和油烟味填充。

努力让自己不去闻这些味道，但胃就像被细碎的味道攥住，唤醒了沉睡已久充满欲望的困兽，我想要逃，却无法动弹。捂住耳朵慢慢蹲下来，嘴巴里念着一段黑涩的词：

Something ugly this way comes

（某些邪恶的东西）

through my fingers sliding inside

（从我的手指流进我的身体）

All these blessings all these burns

（所有的祝福所有的伤痛）

I'm godless underneath your cover

（披上邪恶的外衣我无畏神明）

Search for pleasure search for pain

（寻找快乐与痛苦）

In this world now I am undying

（在这个世界我是永生的）

呓语着，一个声音穿过了喧嚣拯救了我。

"David Usher？"

我抹掉了眼泪，抬起头看了看和我说话的人，一张无忧的脸，背对着灯光对我笑着。

"……嗯。"我生涩地带着哭腔回应着。

"听这种歌的人很少啊，我没记错的话，应该是 *Black Black Heart* 对吧？"她伸出手想要把我拉起来。

"嗯。"我别扭地扶着她站了起来。

嗯……双腿有些发麻。

"很另类啊，不过你隐藏也没有用。"她坚定地看着我说。

她知道？

"我是邻班的夏和。再见，许麦加。"她向我手里塞了一张纸条。

"多管闲事。"我对着她的背影愤愤地说道。

我刚刚是和别人交流了吗？

真别扭。

不过还是把纸条塞进了口袋。

这个城市的夜晚是冷清而又热闹的。影子在昏黄的路灯下拉长，呼出的二氧化碳化成白雾，拉紧了围巾将头发揉进其中。我喜欢这种感觉，冰冷黑暗的夜晚能将光线和温暖无限放大，这是能让人知足的季节，一切微不足道的都在这时让人万分珍惜，将自己紧紧包围。走进老式褐黄的小区，能听到传来的碗筷相撞的声音和人们平凡而又温暖的对话，抬头看着亮着一盏盏灯的人家，心里感叹着，这就是生活啊。

就像织毛衣，要用柔软的毛线和硬质的竹针交织而成，最后剩下的，却是柔软的触觉和掺杂着的自己的体温。

真希望这一刻就是永远。

来到楼下，家里没有灯光，黑漆漆的，在亮满灯光的楼房中间格格不入而又刺眼。果然啊，是我矫情了，她还在加班啊，怎么会有时间在家呢？许麦加，你的世界本来就是这样的啊，没有欢笑，没有拥抱，没有交流，没有任何奇迹和意外，你在奢望什么呢？

清醒点啊，真是讽刺，我在想什么啊，不会发生的。

回到家打开灯，给自己煮了一碗泡面，不加料包。我讨厌那些所谓的便利调味品，那种味道就像烂海藻，充斥着每一寸空气，侮辱了每一种所代表的味道的名字。草草果腹就开始写作业，然后就是洗漱。

躺在床上用手机无聊地翻着新闻。社交软件对我来说无关紧要，因为根本无人与我交流。临近放假，班级群里聊得热火朝天，我能做的只是屏蔽他们，做到彼此无交涉，这样很好，互不牵涉。隔着透明的薄膜，做着各自的事情，只需在疲累时看对方几眼，报之以敷衍的一笑。

嗯，不错啊。

准备着明天要穿的衣服时，突然从大衣里翻出了那张纸条：有事打我手机。随后是一串数字。

"嗤——"

这家伙。

有事？

关灯睡觉，裹紧被子，浸入了黑夜里。

接着几天照常和以前一样平淡无奇。临近寒假，所有人都在暗地里复习，但还在别人面前说自己一点把握没有。

"下个星期就考试了啊啊啊，怎么办啊，还不会呢！"

"我也是啊，真不知道怎么办。"

"这次我肯定考得比你低，我得去第五考场了。"

"什么啊，我退得比你还多你信吗？"

呵呵。

以上对话来自英语课代表和班里第九名。

真想逃离这个虚伪的环境。说这些有什么好处吗？让别人觉得你学得不好吗？但成绩单排名的时候在别人前面，就可以无声地嘲笑他们了吗？赞叹自己使用了一个绝顶的计谋得逞了吗？有意思吗？

幼稚。

我坐在靠窗的位置，从三楼能清楚地看到下面走动的人们。简陋的窗子中挤进了一层层寒风扎在了手上，透过玻璃的反光能看到身后嘈杂而又各怀心事的人们，声浪闯入耳中直击鼓膜。我把手放在滚烫的暖气片上，冰凉的双手触到炽热的铁皮产生了难耐的感觉，但我却没有躲开，反而紧紧抓紧了暖气片，想要把在这凉薄的世界中沾染的寒气驱逐。

随手翻了一本刚买的杂志，首页整个版面被绚丽的风景图覆盖，中间写着"来一场说走就走的旅行吧"。

真恶俗的话题，已经不知道被多少的杂志编辑采用过。

继续翻着。接下来几页无所谓，是找了许多网友一起参与这个话题，说一下理解什么的。一下子没了兴趣，便要合上书，却不小心打翻了冷在一旁的水杯，水杯中的水如意料中地倾泻出来，只能无能为力地抽纸来擦。纸在接触杂志的一瞬间就被浸透，软塌塌地糊在手上，杂志也起了皱。

当目光无意间扫过一篇评论的时候，却定住了。

"我并不在乎旅行的目的地或是意义，我只是喜欢在路上的感觉，那种未抵达而又将要抵达的感觉是无法形容的，只是知道自己在做一件自己明明期待已久的但还需耐性等待的事情，那种对终点站的好奇和激动填满了内心，怎样的疲惫都消失殆尽，只剩下在这个未抵达的平行空间里的希冀。"

像是被什么从背后推了一下，好像离失已久的心又重新归位，一下一下地猛烈跳动着。

嗯，决定了，寒假要去厦门。

汪洋大海做藩篱。

结束了一天的征途，所有人都如释重负地离开学校，风中夹带着温和的味道。眼前的刘海有些长了，遮住了身旁欢呼雀跃的身影。静静地走在路上，忽然听见身后传来了声音：

"许麦加！"

我转过身盯着满面笑容挥舞着手臂的女生。

肆无忌惮的笑容让人不舒服，我皱起了眉。

"我搬家了，就在你家楼上啊。我们以后就是邻居了，请多多关照。我是夏和，你还记得我吗？要不从今天起我们放学就一起回家吧！看我们多有缘分啊，我们以后就是朋友了吧？好不好？你要是不说话我就当你答应了。我对这儿还不熟呢，你以后可要多帮我啊！不过话说回来，我的适应力可是极强的，去年夏令营我……"

她一路小跑追上了我，自顾自地说了一大堆，大步向前走着，不时转过身来征询我的意见或者开心地一笑。

真烦。

我想要躲开但奈何和她是同路，一想到以后打开门就看见她这样叽叽喳喳头立刻就大了，真不知道如何是好。

夏和发现了我紧皱的眉头，停下来在原地等着我。我走了过去，她问我："怎么了，麦加？你不舒服吗？是不是上次我看见那病又犯了？要不要我扶着你？"

我讨厌这个语气。

抬起头正好对上她紧张又怜悯的眼神，心中像被拧干了水分一样烦躁。

"我不能和你一起走。还有，我很好，请不要妄自下结论。你懂我吗？我是怎样的人你知道吗？你难道没看到所有人都避开我吗？我不是能做好邻居的人，也不是能做朋友的人。我喜欢自己一个人。不要靠近我好吗？"

我是个怪人，我不需要朋友。

我尽力让自己不去看她的表情，攥紧拳头目视前方向前走去。

终于结束了啊。这很好，她应该再也不会和我说话了。

"我都知道的。不过今天风太小了，不适合放风筝。"夏和在我身后喊道。

心像被猛烈地撞击了一下，我顿住了脚步。

她怎么会知道？

"你到底想怎样？"我努力恢复着平静。

"我没想怎样啊。你如果想知道我怎么知道这些事，就每天和我一起回家，不要冷眼待我，和我做朋友。"她亮着眼睛看着我。

"我不管你接近我是什么目的，也不想知道你是怎么知道我的，但我不允许把你的事说出去。"我妥协了。

"这么说你就是答应了？"

"切，快点走。"

"耶！你终于和我一起回家了！"

幼稚。

一路上夏和一直在我身旁兴高采烈地说着什么，我的耳朵一直浸在极高的分贝中，她对周遭的一切事物都有着浓厚的兴趣，却对她为什么知道我的事的原因只字不提。

"我上楼啦！好好复习啊，明天见！"她蹦跳着跑上楼梯。

"……"

回到家，心想我的世界终于安静了，我一头倒在了柔软的床上，享受着棉被的温暖，大大地伸了一个懒腰。虽然我说了对她知道我的事不感兴趣，但还是总觉得自己的秘密被人窥见了，像布偶的线开了露出了惨白的棉花。

她接近我到底是什么目的？她怎么知道那个风筝？她之前认识我？

心绪乱如麻几近抓狂，索性铺开作业不去想。刚刚沉下来的心情又被窗外的喊声打断了，不用想也知道是夏和那磨人的小妖精。我打开窗子循着声音抬头看到夏和从上面用绳子吊下来一个小瓶子，是透明的玻璃材质，里面有一张纸条。

"快接住啊，麦加，我们之间的漂流瓶，哈哈！"她伸着手臂对我喊道。

我接住了那个瓶子，拔开连着绳子的瓶塞，掏出纸条，里面写了密密麻麻的字。我把瓶塞重新塞回，夏和飞快地将瓶子拉了上去。

"一定要看完啊，我去为明天的考试复习啦！"她说完哼着小曲关上了窗户。

心情很好的样子啊。不过这写的是个毛啊？无缘无故扔给我女生之间常玩的类似悄悄话的东西，我们有那么熟吗？有什么事当面说啊。

……

坐在桌前展开纸条，不知道为什么有些紧张，手心浸满了汗把纸条的一角都给沾湿了。我在期待什么啊？真是的。

哈哈！没想到吧，绝顶聪明的我怎么会知道那个风筝的事。好吧，我不逗你了。你是不是很好奇我为什么会知道啊？那你还记得吗？那年你的心理医生茉莉阿姨送给你的那串贝壳手链。没错，那就是我送给你的。茉莉阿姨是我妈。啦啦啦，我从小时候就知道你，不过你没见过我。我还记得我第一次见到你的时候，你短短的头发像个男生，但白白的皮肤又特别可爱，不过你总是抿着嘴唇眉头皱着。那天，你对我妈说你想当一个吸血鬼，想飞在树林中。我妈说那多没意思啊，还要担心被树枝划伤，不如就做一片风筝上的羽毛，在蓝蓝的天空中舞动，随心所欲多好啊。然后你就和我妈去放风筝了。我当时就特别想和你交朋友，可是当我看到你除了对我妈以外，对其他人都那么冷的眸子就不敢靠近了，但我依然关注着你啊，直到现在我才敢走进你的生活。请接受我吧，许麦加，我是真心想和你做朋友。

打开左边倒数第二个柜子，柜子里只放着一个铁盒子，里面躺着那串贝壳手链，时隔多年我还能想起当时收到它的喜悦。

怎么会呢！这个世界竟是这样小。

我转过身看到玻璃里映出的我笑了，但泪水还是滑到了嘴边。

心里像是被无数棉花糖填满了，柔软地融化在长期搁置的罐子里，慢慢地溢出来沾染成粉色的糖浆。

打开收音机，透过密匝的电流声我听到主持人橙子这样说道："是啊，人生就像一场路途，你总是在路上遇到许多人交集过后会分开，但总是处于未抵达的状态。也许刚开始的旅途会孤寂，你会有想要逃回家的冲动，但你还是坚持下来了，然后在站点中途停车的时候，他/她来了，你很惊喜，于是你们就结伴而行，去看余生的风景。相信吧，等待吧，不要放弃，享受未抵达的状态。"

然后放出的歌是牛奶咖啡的《明天，你好》：

明天你好含着泪微笑
越美好　越害怕得到
每一次哭　又笑着奔跑
一边失去　一边在寻找
明天你好声音多渺小
却提醒我　勇敢是什么

勇敢吗？嗯，该勇敢一些了。

我的旅途不是一个人了。

冬天的清晨照例格外明亮，今天的期末考意味着初三已经度过了二分之一。夏和一大早便敲开了我家的门。我那昨天忙碌到很晚回家的妈妈在镜子前补着妆。她看到夏和并不吃惊，因为她们早已认识，但她吃惊的是我们这突如其来的友谊，要知道我可是从来没交过朋友。妈妈开心地招呼着夏和先坐在沙发上等着我，并温了一杯牛奶给她。我的心里是欢喜的，妈妈也是，从来没见过她这样开心过，眼角的细纹堆在一起，却格外美丽。我忽然心中有一股酸涩涌在喉咙，鼻子发酸。不过还好这时夏和拯救了我。

"麦加，快点啦，第一场考试是语文啊！"

"哦。"我有一些哽咽，但嘴角是上扬的。

"我走了，妈妈。"我第一次对妈妈在早晨告别。

"嗯！路上小心啊！"我听出了妈妈的声音含着笑。

"放心吧，阿姨，我在呢！哈哈哈！"夏和对楼上的妈妈招招手，挽住了我的手臂。

这种感觉，真奇妙，像是什么被唤醒了。

不管是什么，至少我很喜欢。

经过了两天的奋战，终于考完了。

此时我正和夏和坐在南下的飞机上，两个小时后我们将抵达正午的厦门。从窗外看到无尽的白云飘过，在云端，我对夏和说："我不会是一个称职的朋友的。"

"我知道啊，可我会帮你的。"

"可我有社交障碍，还有暴食症。"

"没关系。"

"可我是个怪人，脾气还那么糟糕……"

"嘘——至少现在你有我了。"

"嗯！"

夏和塞来了一只耳机，是魏如萱的《买你》：

哎　可不可以买你的不快乐

我们一起唱歌　一起牵手　一起听音乐

把你的　不快乐　卖给我

然后抱一下　好不好

我们小声哼唱着，只有我们之间能听到。紧紧握着彼此的手，黏腻地沾上了汗水也不放开。

　　幸好我在坚信，幸好我没放弃，幸好我有等待。我们在云端，身上的羽毛随风舞动。

　　我们在旅途中，未抵达。

　　却遇到了彼此。

（指导老师　高新刚）

# 小父亲和老父亲

江西省丰城中学高二 刘凤仪

"女儿是父亲上辈子的情人。"

往回翻页十几年,我还是在学1+1=2的小屁孩,觉得世界并不大,有我,有爸爸,有妈妈。妈妈是个十分粗心的人,时常丢三落四,每当她丢了东西时,我总和爸爸一起"声讨"她。可是,她从没弄丢我。

爸爸,我的爸爸。

在还未跟妈妈离婚时,爸爸对我非常严厉。在我还未上学前班时,他就逼我学习一年级的东西,包括加、减、乘、除。那时我因为年纪小,学了总忘,而他每晚都要教些东西,还布置作业,我觉得很难学,更是难学好。

不会做题的时候,爸爸像是噩梦。我很怕爸爸生气的样子,尽管他从不打我。我也知道是我的错。我该从小就努力地学习的,我该朝着爸爸期望的方向发展的,我该是个乖乖小孩,我该这样的。

可是,我总想着是不是哪天可以不学,总是以被迫的心理接受爸爸的指教,总是不懂得要为了爸爸开心点而努力点,我真不是个乖小孩。

当然,在爸爸不教东西的时候,或是我完美地完成任务后,爸爸就像个美梦,像个天使。他会把我抱起,再举起,放坐在他的肩上,问我"宝宝高不高啊,怕不怕啊"。嘴里心里都似溢着蜜般,很甜很甜。他也会奖励我零食——一包蛋卷、一瓶雪碧和一袋大白兔奶糖,都是我的最爱。

现在,我十六岁,正值高二,即将有一场成人礼,为我、为我的同龄人举行。我邀请我的父亲前来参加,他说:"可以啊,你要求的,我当然去。可是你要提前告诉我日子,我怕到时候我会没时间。"

不知道有十年还是十一年或是十二年,我与父亲见面的次数,两只手数,怕是够的。父亲与我在一起时,因为相互的不了解,他对我的脾性不知,我亦如是。我不敢,不敢像对妈妈一样对他撒娇胡闹,不敢在看到喜欢的东西时嚷嚷着要给我买。可是,因为我流着他的血,因为我是他的女儿,我们都要接受我们之间的无言以对,像是多年未见的情人,深爱着对方,却不知如何开口,开口说一句"其实,我爱你"。

在生活中,妈妈每每与我谈到父亲,我并未有多少想法。可是,当夜深人静的时候,当自己的委屈无处说的时候,我总会想到与我在不同城市的父亲,想着"为什么我不能像其他人一样有两个最亲最爱的人在身边",想着"父亲孤身一人,是否有个好的归宿"。

我与父亲注定要像情人一样纠缠一生。

我的小父亲。

老父亲，不是我的父亲，是妈妈的，他就是我的外公。

他是我认知世界后第二个偶像。第一个是我的小父亲。小时候，我在外公外婆家生活，近六年。小时候，外婆家家境并不宽裕，外公常去外地，外婆仍是常做我喜欢的菜给我吃。家中仅我一个小孩，我是独宠。外公去过很多次北京。那时，我就特别特别羡慕外公可以去那么那么远的地方，可以坐火车，可以离开我们的小镇，可是却总是不能带上我。

妈妈说，外公年轻时算得上是镇上最有文化的人，也算得上是有头有脸的人物。我信。

每次，我不听话，不愿意吃饭，外婆气得要拿棍子抽我，外公每每都是护着我，为我挡着，用他大大的身体包裹我小小的身体。外婆有时气极，常连外公也跟着抽打，本该我承受的皮肉之苦，就那样一下一下地抽在外公身上。说不感动是不可能的，即使年幼，我也知道外公爱我。

也许，妈妈长大了，离开了外公；我的父亲走了，不在我身旁。外公与我就像父女，我们就像相差两辈的情人。

对待女儿的女儿，他宠爱却不纵容。

我们家是严禁吃垃圾食品的，尤其是现在风靡的辣条。记得有一次，我和邻居家的小朋友去小卖铺买了一角钱一根的辣条，被外公看见了，他二话不说把它扔了，接着对我是一顿打。我狠狠地哭了，不为别的，就因为打我的人是外公。

后来啊，外公得了一种病，可以说是不治之症，它叫老年痴呆。小时候总是听外婆说外公是个傻的憨的木头。听着心里很不是滋味，也深深地知道外婆心里对待病人外公的无奈。到了患病后期，长期接受药物治疗的外公几乎不认识他的亲人了，除了清醒时，还会温柔地抚摸我的头，呆呆地看着我的眼睛，不说话，应该也无话可说。我知道，那时，外公是痛苦的。那时，他的头发已如银丝，脸上毫无血色可言，前额和颧骨的棱角分明，整个人的身体躯壳已趋近人骨模型，靠营养液的输入维持着生命。看起来，那个我爱的人已近乎机械化了，或许已慢慢临近死亡。而我，却只能在远处看着，近处瞧着，拥抱他时，感受着他四肢的骨骼，并不美。

外公去世，我并没有见到他的最后一面。初三那年，药力的副作用和自身机能的衰退让外公再也睁不开双眼，看不到我了。而我，也只能在棺外，看着他冰冷的身体与冰棺做伴。我无法想象，我爱的那个人，他的肋骨突出，肚子下瘪，此时，已完全变成人骨模型了，不过多了一层皮。看到这样子的外公，心里止不住地痛，我不知道自己什么时候眼红的，没有泪，心里憋得慌。

此后，每一次回外婆家，看着堂前外公的遗像，我便会想起小时候，我坐在外公腿上，我骗他我的背很痒，抓不到，他便会用他粗糙的大手替我抓痒。也会想到，我竟在他离开这个世界前，没能和他好好说说话，祝福他在另一个世界里健康生活。

我的小父亲离我很远，可我可以打电话不时问候。妈妈的父亲我的老父亲离我很近，在我身边，化作星星每晚伴我入眠。我可以对着他说话，可我听不到他的声音，也得不到他的回应。

都说"女儿是父亲上辈子的情人"。我与老父亲缘分已尽，他将轮回，去到他的下世。我与小父亲的缘在，距离的淡化，也阻止不了我们的亲情。

你与我之间是世间最纯洁的情人，不似爱情，却更甚爱情。

我们是父女，是爱人，我的小父亲和老父亲。

（指导老师　徐平娟）

# 这是七点零八分的早晨

上海市第五十四中学高一

潘艺瑶

太阳又缓缓升起来了,路上行人匆匆,鸟儿也都拍拍翅膀开始它一天的旅程。他们,此刻的他们,并不知道接下来的一天,会面临什么,无论是充满喜悦的一天,抑或是繁忙、失意的一天,他们都抱着希望、期待的心情迎接新的开始。现在,七点零八分的早晨,正是这新的一天的开始。在这七点零八分,你,又在干什么呢?

我不知道,我也没有办法去猜测,但是我呀,在这个时间,想起了你,我的奶奶。我希望现在的你,过得很好。还记得小时候,你总是特别疼我。我不懂事，看到好玩的，便要买，你二话不说就答应了。爸爸总是责怪你，说你太宠我，会让我更加无法无天。可是你啊，还是想把天上的星星都摘下给我，一直坚持要给我最好的，那时的我，真的很幸福。

就直到现在，我还一直记着奶奶的眼睛。那双眸呀，总是平静得没有一丝波澜，可是每每看向我时，就好像将那银河系揉碎了装进眼里似的，明亮，闪耀。然后有一天，我看见那双好看的眼睛里，溢出了泪水。

我六岁那年，奶奶带着我陪她去医院体检。我吵闹着说医院的消毒水味好难闻，却没有在意奶奶在拿到报告后紧紧攥住衣角的双手。回家后，奶奶独自一人坐在床上，她没有开灯，也没有像往常一样打开电视，只是静静地坐在床上。我摸黑坐到了奶奶身边，在她转向我的那一刻，我第一次看到那双明亮的眸子中，渗出了泪水。我着急地问奶奶是不是生病了，可是她，又对我笑着说："小病，三年后就会好。"现在回忆起来，当时我是真的很开心，我一直在等奶奶痊愈的那天。

可是三年后，奶奶变得不认识我了，她忘记了一个曾经她最疼爱的人，也忘记了三年前的那句承诺。后来的后来，奶奶也没有遵守她的承诺，她离开了我，离开了这个家。爸爸也不用担心我以后会无法无天了吧，曾经还不懂生离死别的我这样想着。可是好多年过去了，我十六岁了，在这七点零八分的早晨，十六岁的我，又想起奶奶了。

奶奶很喜欢泰戈尔，她总是在睡觉前给我读泰戈尔的故事。"如果你在错过太阳时流泪了，那么你也要错过群星了。"奶奶虽然宠溺我，可是她也决不允许我成为一个懦弱的人。她告诉我，无论多累，都不能停止奔跑。可是小时候，每天都能够睡到自然醒，衣食无忧，风雨无阻地睡觉，我曾经想成为这样的人。可是人啊，总是会在某一天，爆发性地成长，爆发性地觉悟。经历了该经历的起伏跌宕后，在原本毫无意义的时光旅程中，画上了一道分界线。我的人生被分成了两半，现在我比以前好了很多，羡慕从不盲目，知足也知火候。我也想慢些长大，可是在白昼黑夜不断地催促下，我终究成了一个能够独立思考的大人了。曾经的我，需要奶奶的谆谆教诲才会懂得一些道理。可是现在，这些道理，都由我自己一个人来悟。

十年前的七点零八分，我睁开眼，便能看见奶奶坐在床边望着我，我能看见她明亮的双眼。可是如今的七点零八分，醒来后，是偌大空旷的房间，我独自一人，怀着满心希望，接受新的一天的挑战。我会用心记住奶奶对我说的每句话。她说，无论多累，都不能停止奔跑。她说，世上无难事，只怕有心人。她说，奶奶不能陪我一辈子，可是会在背后注视着你，看你一步步走向你想走的路，无论这路多远、多崎岖，都没关系。你看，我都记着呢，我也一定，一定会遵守这些话。我已经足够强大，所以，我也可以放开你的手，独自向前走去。

在这七点零八分的早晨，在这所有人都奔跑在自己路上的早晨，我写下了一封寄给月亮的长长的信，可是太阳的光，却给这张没有折痕的纸镀上了明亮的金边。月亮上的人呀，她告诉我，不要哭泣，在这里，只有你和我呀。

你看，太阳，又缓缓升起来了。

## 简单爱

上海市第五十四中学高一 黄立芃

外公得了阿尔茨海默症。

"今年病发得特别快,也特别严重。"妈妈是这样对我说的。她说,现在的外公就像个小孩子了。她还说,希望我可以多去看看外公。

其实当妈妈第一次对我说这番话的时候,我并不是很在意。那时的我对"老年痴呆"也没有很深的了解,只知道这是一种病,是一种人老了之后就自然而然得上的病。可又有什么关系呢?在我心里,外公还是那个外公。我不会吹泡泡,外公可以教我。小时候的我常常挨打,当我哭得惊天动地地喘不上气，觉得全世界都和我作对时，外公会过来站在我这一边。我发现，在外公家里，他沉默地在灶上做饭，而我蹲在门口看着，这竟是我印象最深的童年风景。那时候我接受着外公的好，渐渐习惯，就把它当成了理所当然。

　　直到有一天，我接到了外公的电话。电话那头，外公像往常一样，嘱咐着我要注意身体，不要老让爸爸妈妈担心。谈到学习，外公的话也渐渐多了起来，突然他说了一句："你要好好学习啊，我也会，我也会好好工作的，啊我向你保证……"当时我心里一震，明明外公退休那么多年了，他怎么还会讲这样的话？突然间我很难过，又很心酸，一股寒意从头顶漫开，很害怕这样子的外公。我不知道该说些什么，"嗯"了几声就挂断了电话。后来，我跟妈妈说了这件事，妈妈愣了几秒，才缓缓对我说："是啊，你看，外公现在很糊涂了。"

　　小时候爸爸妈妈工作忙，都是外公一直在陪我玩。夏天，我坐在地板上，小风扇对着我吹，吱嘎吱嘎地响。蝉鸣扰得人不得安宁，瞥一眼外面的阳光，整个世界晃成了银白色。外公对着电视坐着，手里的蒲扇缓慢地对我一上一下地扇着。满屋子都是花露水的味道，我关小了电视的声音，一口一口啃着西瓜。那个时候iPad还没有出来，妈妈的手机还是翻盖按键的，我却可以和外公在铺着格子布的桌子上玩一下午的游戏。

　　现在想想，这样的时光大概再也回不来了吧。长大后的我，见识到了更多新奇的东西，去外公家的次数也就越来越少了。可我却总以为，只要外公还在，我和外公一起玩的时间还有很多。"子欲养而亲不待"，我想，这大概是世上最叫人心酸却又无可奈何的话了吧。

　　龙应台在《目送》中写过这样一段话："我慢慢地，慢慢地了解到，所谓父女母子一场，只不过意味着，你和他的缘分就是今生今世不断地在目送他的背影渐行渐远。你站在小路的这一端，看着他逐渐消失在小路转弯的地方，而且，他用背影默默告诉你：不必追。"文中说的虽然是父母，但我认为放在外公身上也同样的合适。人的一生渺小而短暂，像沙尘一般的飘忽和微小，生命的无常总是让人不知所措。

如果可以，我还是很愿意和外公一起坐在家门口的石阶上，在夏天傍晚四五点的落日下，闻着空气中的青草香，混合着饭菜的香味，透过那几根挂在空中的电线，映着夕阳，看远处电视塔那尖尖的顶。如果可以，我想紧紧握住他的手，陪他慢慢地走。

（指导老师　柳东梅）

# 深秋的时光

上海市嘉定区中光高级中学高二年级 陆诗怡

> 深秋的爱,
> 我们年轻时,无法懂得;
> 我们懂得时,已不再年轻。
>
> ——题记

红艳的晚霞如期而至,随着深秋瑟瑟凉风吹拂的枫叶也不忘为大地铺上一层惆怅。我跳上爬满青苔的台阶,穿进小巷,缓缓步入这个熟悉又陌生的地方。曾经的田埂盖了新的楼房，用力拧开那已缀满红绣的铁门把手，厨房的灶已许久没用过，那双布鞋歪倒在垃圾桶旁，脏破孤寂，委屈得像一对流浪的孩子。我独自一人在似乎回荡着老式座钟钟摆声的空荡荡的大房子里穿梭，好似梦游一般东摸摸、西探探……

我看到九岁那年父亲意外去世，深夜里你独自一人躲在房间的角落嘤嘤哭泣；我看到你为了维持生计没日没夜地连打几份工，甚至在给别人缝补衣服时累到眼睛眯着打瞌睡；我看到你在一场暴风雨之后，每天殷切地为我们亲手栽种的枣树培土浇水……

老屋子的墙壁已经斑驳不堪了，像极了湿润却尚未成型的蛋糕坯子。而我像着了魔似的，脚步再也无法挪开。或许别人看到的是破败，而我看到的是温暖；或许，别人看到的是沉闷，而我看到的是浓情。

这里，是我生命的原点。

深秋的夜晚，我每隔几天就头痛发烧，眉头皱着，双手紧紧拽着那早已被我"蹂躏"得皱巴巴的被单，你每天都起早贪黑地为我熬药；在柔和如水的烛光下你为保我平安连夜缝制荷包，缝纫机发出的"嗒嗒"声如同名曲《天鹅湖》舞曲一般悦耳动听。

院子里幼小的枣树似乎也生病了，叶子开始泛黄变枯，像一位驼背的老者，而你却依旧不离不弃地照顾它。慢慢地，我的身体似乎也如同这株幼树变得越来越活力十足。你的微笑，如缕缕秋风轻拂澄澈的湖面泛起了层层涟漪。

或许，每一个短暂的瞬间，都是时光河流中的一个涟漪。而在这涟漪的中央永远伫立着一位垂垂老矣的守护者，嘴角满是慈爱的笑容。

那一丝丝银发何时嵌入了你的鬓角？那一道道皱纹何时爬上了你的脸颊？那冰冷的拐杖何时被你的手握紧？你是我生命中的守护者，一步步帮助我靠近梦想，为我通往梦想的道路清理碎石，甚至为我不顾一切顶住那即将要滑落的巨石，强忍着内心深处的不舍，目送着我的离去，渐渐远离这生命原点的我却不曾回头望望你眼角晶莹的泪珠。

这里，是我生命的盲点。

秋意沉沉，你依旧每天都迈着蹒跚的脚步走到园子里，佝偻着身子悉心照料那早已茁壮成长的枣树。当我拉开那褪了色的布幔时，一双幽深的双眼正望着窗外漆黑的一片，而在你的目光中，竟看到了我转身离开你独自去追逐梦想的身影。你紧皱着眉头，胸前捧着小时候我们在四合院中的合影，倚靠在窗前，皎洁的月光浸润了你日渐瘦弱的身影。

"囡囡，起床了，上学要迟到啦！"

天空渐渐地揭开深沉阴郁的面纱，一缕缕微光从厚重的幕布中穿过。我缓缓地睁开双眼，华丽明亮的房间，热腾腾的馒头香气，还有你清澈的双眸与甜美的笑容。

原来，都是梦一场。

我轻轻在你耳畔问候："早安，妈妈！"为你煮上一杯香醇甘甜的牛奶。欣慰的笑容在你脸上缓缓绽放，宛如院子里怒放的枣花。

窗外那心心相依的牵牛花，倾听秋蝉充满思念的鸣叫，享受淅淅沥沥的秋雨。时光流逝，红了樱桃，绿了芭蕉。这深秋的浓浓爱意，我又怎会忘怀？

（指导老师　王　蓉）

# 阿 婆

吉林省吉林市毓文中学高一 张知涵

二〇一四年冬天。

北国的冬天异常寒冷，茫茫的大雪悄然覆盖在城市的每一处角落，地面上是太阳的照射也温暖不了的坚冰。我站在过街天桥的入口，小心翼翼地迈开笨重的步子准备穿梭过熙熙攘攘的人流。

在天桥的角落里，有一个七八十岁的老妪，几乎没有人注意到她。每当我走过这条街道，总是看到她安静地坐在椅子上，茫然地注视面前涌动着的人群。她身上的衣服不算太破旧，但袖口处已经磨得灰白，雪在她的鞋子上融化后留下一道道水印。她似乎也总是看见我走过天桥，微笑着看着我。我走上前去，同她攀谈起来："这么冷的天，您坐在这里干什么呢？"她缓缓地说道："一个人在家也没什么意思，倒不如出来看看。""那您的丈夫呢？"我又问。"唉，"她叹了一口气说，"出车祸，死了。""那，您的孩子们呢？"我小心翼翼地问她，生怕又触碰到老人的伤心事。"我呀，有一个女儿，她在美国待了五年，可忙了，我的小孙女和你差不多大了。她在美国不容易，我也不能帮她什么，倒是自己拖累她。唉。"老人又是一声长长的叹气。

我能猜测到她自己独居是有多么寂寞。我瞬间明白了，在这座被坚冰包围的城市里，还有许许多多像她一样的孤寡老人，外面的风雪也敌不过家中的清冷。面前的老妪不禁让我想起了我的阿婆，我有多久没去看过她了？

好像已经很久了。

很久。

二〇〇五年春天。

回想起童年的那段时光，都是在阿婆家度过的。木格窗外是一片静静的田野，里面培育着五谷杂粮，潺潺的溪水穿过田野，流进我的内心，犹记得每天清晨，雾气中的太阳像是在牛乳中洗过一般。每每这时，我总是惬意地坐在阿婆旁边，阿婆一手托起我的长发，拿着梳子慢慢梳理着，如同抚琴一般。暮色四合，晕黄的阳光从澄蓝的天空渗下落在院墙密密的植物上，落在阿婆银白色的发梢上，耀眼而温馨，我半靠在阿婆的背上，听她唠叨古老有趣的故事。夜幕将至，炊烟袅袅升起，阿婆呼喊我乳名的声音从炊烟升起的地方响起。香香的玉米粥，埋在灶膛里的红薯，温暖了我饥饿的肠胃。

二〇一二年夏天。

在我出发时阿婆为我在手腕上系了一只小铜铃。喜欢摇着铜铃，谛听它清脆的铃声。我坐在河岸旁，让清澈的河水濯洗我的双手，铜铃在河水的冲刷下愈发闪亮。怎料想，铜铃的红线突然断开，随着河水流向河深处。

我哭着跑回家去寻找阿婆，阿婆随我来到河边。她挽起裤腿，弯下的背就如同张开的弓。她一点一点地在河水中摸索，水流不断冲刷着阿婆粘有泥土的脚踝。河面上的阳光碎碎地闪着我的瞳孔，河岸旁的芦苇交错摇曳。阿婆开心地冲我一笑，手中绽放着清脆的铃声。她牵起我的手，一步一步走向回家的路。

二〇一三年秋天。

沿着记忆的足迹，我回到了从前的老屋，红色的锈迹缠着雕花的铁门，木栅栏上的牵牛花多半也已经枯萎了。我悄悄地溜进院子里想看看阿婆在干什么。院子里的景致依然没有变，柳树上不断飘落下叶子，秋风把地面上的叶子卷起又吹落。我推开屋子的门，吱呀——一切都被阿婆布置得井井有条，尘埃在空气中飘浮。我看见阿婆步履蹒跚地走向锅灶旁，手里颤颤巍巍地拿着玉米粥和红薯，嘴里还不停地叨咕着："孙女打小爱吃这个，留着给她长身体，她还得回来呢。"我站在门口看着日渐老去的阿婆，鼻子一酸：阿婆还是像从前一样，什么都先想着我。"阿婆——我回来了。"我大声地叫着，阿婆缓缓地抬起头来，惊讶又开心地看着我，"哎，回来了！来，你最爱吃的红薯和玉米粥。"我偷偷地转过身去，把眼眶中的泪水擦干，面对着阿婆开心地捧着瓷碗品尝着，阿婆的脸上是心满意足的笑容。

玉米粥和红薯还是童年的味道，阿婆却已经不是曾经的那个阿婆了，她敌不过岁月和时间的折磨。我看见阿婆脸上被岁月雕刻的沟壑纵横，目光慈爱却已经浑浊，头发稀疏而花白，阿婆真的老了。

二〇一五年冬天。

在那个过街天桥上，再也看不见那个老妪的身影，那些经常在天桥上走过的人告诉我说她已经不在了，她应该是一个人寂寞地离去了。在那些缺少家人陪伴的日子里，我不知道她是怎样度过的，或许在每一个明媚的午后，捧起家人的照片黯然落泪，或许在每一个星辰做伴的夜晚打开破旧的收音机消磨时光直到天亮。她和她这样的孤寂老人是这座城市中被遗忘的民谣，古朴却又悠长。我裹紧了身上的衣服。我的阿婆，就在昨天，安静地离开了这个世界，手里还紧紧地攥着我和她的照片。

　　追悔莫及。

　　如果再给我一次机会，我希望能一直一直陪在阿婆的身边。时间——我希望会是永远。

（指导老师　张　晶）

# 与娘对话

浙江省杭州高级中学高三
俞舒扬

老娘是个健谈的城建女作家。

我是个话痨的小作家。

我们两个聚在一起,除非你把我们的嘴缝住,否则无论霜雪风寒,我们的笑语声都会像如瀑的雨幕一样,滔滔不绝,雷峰塔都镇不牢。

出生的时候我当然是不会讲话的,但据说第六天就会笑——这大概属于一种唯心主义的偷笑——可算给鄙人钻了个空子,投了一胎大手笔,得了一位蛮横而不失清高、洒脱而不失矜持的高堂。

小的时候，我就和老娘聊个没完。所谈无非是些读书和生活上的琐事，嘻嘻哈哈的没什么学术价值。但不知怎的，还没讲完，讲故事的人和听故事的人都"扑哧"一声憋不住了，笑成一团。

每到饭局，在座的叔叔伯伯高谈阔论之际，老是摆出领导的做派，批评我太没男子汉气概，怎么一直黏着妈妈？像他们的娃娃多独立自主，自力更生，和其他小朋友说得热火朝天，一回到家就对着喜羊羊老僧入定……

说着说着，羡慕的神情满满写在脸上，懊恼不语，喝起闷酒来。

三杯两盏淡酒，老娘的两靥于是更加酡红。

那时小学旁开了一家新风小吃，我们有时索性不吃早饭，早早地，在天空还未明朗时，一人点一碗牛肉粉丝或虾肉馄饨，边吃边讲边笑。

清晨传来鸟叫，碗空了，话未央。

然后，一个系上红领巾蹦蹦跳跳地进学校，一个踩下油门风风火火地去养家——肚子饱饱的，脸颊红红的，心情也像初春的山猪一样欢脱明亮。

也许是当年的食品安全更放心，也许是老娘清亮的嗓音融进汤面了，我始终觉得，小时候的新风小吃使人不能忘怀，小时候狂笑着指天划地的心情也无法复制了。

无数次，尝了同样店面的同样粉丝，我都没有吃到一样的鲜美。

无数次，整夜畅玩，整夜欢歌，我也没有收获那样简单明净的快乐。

后来老娘步入更年期，我半只脚踏进青春期，这时开始有些两军对峙、一触即发、金戈横陈、铁马低鸣的味道。

这两个自诩谦卑谨慎的人，打着"虚心使人进步，骄傲使人落后"的旗号，不时摆出满脸不屑之情，就是观战的人看了都要气坏。我们母子俩脾气又都臭极了，一言不合就亮剑，最后一句话憋在心里不说浑身都难受，不仅要清晰响亮地大声喊出来，还要佐以惯用的排比夸张修辞手法，精雕细琢一番才吼起来，逮谁跟谁龇牙。

这段日子，我们相顾一望，各自撇开头去的狠劲不少见，"亲子谈话"原本和和气气地聊着未来，聊着理想，其中一个不识趣的人忽然就捅了老虎屁股——结果"伏尸百万流血千里"，车玻璃都因为喷出太多唾沫凝上一层水雾，想来就是越野车的空调也吹不走两个偏激灵魂的傲慢碰撞。

而且说来搞笑，对垒的辞藻一天比一天华丽，对白的哲学思辨一天比一天精深，一点鸡毛蒜皮的小事，有时扯淡竟扯到家国天下的层面了。看到这对活宝鼓起腮帮子，长眉一挑，虎目一瞪，引经据典、谈古论今相互嫌弃，一向儒雅端庄的老爸只好把车窗摇下，一根一根地抽烟，薄雾缭绕里一长一少声如洪钟，面红耳赤，把烟都吹散了。

就像20世纪冷战终了，筋疲力尽的世界迎来一段安宁的乡间小路。

快要成年的我看到了操持家事的烦琐，快要知天命的老娘读懂了现今苦读的烦闷，母子的对话日渐如知己交心，会因不公而愤慨，会因零落而长叹，但彼此都趋于平静，多少有了点"曲径通幽处，禅房花木深"的清谈意味——这也许是三年前不能预料的。

每天晚上，老娘翻着书，等在校门口的小桥上。我匆匆奔出，挽着老娘的胳膊，行至车上，沿途引起一片或惊讶或有些小小嫉妒的目光。一上车，我好像又戴上红领巾，老娘减了皱纹，黑了长发，把肚子里的喜怒情仇一吐为快。

自从我不得不上晚自修后，母子俩莫说闲聊，就是相处的时间都少了。明年我多半也要赴远地求学，那更是别时悠长见时伤。两人心里都默默珍惜，这一点点的闲谈时光。

有时杭城大雨，车就堵在灯火辉煌的街道上，"哔哔"的喇叭声此起彼伏，愤怒的司机们怒骂万分，我们心里却暗自高兴。

有时为了多说些杂谈，我们故意装着整理书籍，或是找着一本笔记本的样子，来回晃荡，嘴上却迟迟不停。

其实两个人对书和本子都是满不在乎的，丢了就丢了，但时间和快乐呢？说着"那我睡了，晚安"，结果一对夜猫子硬是死撑到日历的下一页。

我知道如今的小伙子小姑娘是极时髦的，和母亲、父亲对话实在是一件不甚新奇的事，我作为一个还没到二十岁的人，看起来是挺老土。

而我却以为，曾经，与娘的对话，与娘的瞎扯，仿佛就是历史与现实的交融，就是中年与少年故意的"说不清，理还乱"。

大吵大闹也好，静心清谈也罢。

这座山头，会永远土老帽下去，永远唠嗑下去，永远聒噪下去。

# 你是我心中的风景

上海市第五十四中学高二 徐梦清

奶奶是旧时的闺秀，举手投足间都透着美丽和优雅，她总是喜欢穿着得体地坐在朝南的窗前或读一本书或品一盏茶。

周末探望奶奶的时候，她就坐在窗前，正在翻阅一本书，阳光透过窗户落在奶奶的身上，为她铺上了一层金黄色的柔和光晕。

我坐在旁边，看着奶奶。奶奶轻轻贴靠于椅背，背脊挺直，微微低头。目光始终轻落于书页上，翻页，抚平，浏览，奶奶从容不迫地完成这一系列动作。

看了三四页后，奶奶却迟迟没有再翻页，我疑惑地抬头看向奶奶，她有些吃力地眯起浑浊的眼睛，想要努力看清书页上的字，再把书凑近了些。此时已全无了刚才的从容优雅，反而笨拙得像个青涩孩童。

我轻轻问道："奶奶，怎么了？""外面的阳光正好，但我老了，书看久了眼睛有些花。"奶奶不再看书，转头看向窗外，语气中带着叹息与恍惚。

我想起了，也是在这样一个午后，奶奶唤我过去。我坐在她的身边，她打开那本翻阅多次的《飞鸟集》开始朗读，柔和却不失严厉的声音充斥了整间屋子。每次当奶奶读到"真理之川从它的错误之沟渠中流过"时，她都会稍作停顿，眉目之间是岁月沉淀下来的宽容平和的气度，眼中泛着些许追忆的微光。

当时我无法理解奶奶的神情，甚至都无法理解《飞鸟集》中的一些句子，但我却能读懂夏天的飞鸟，秋天的黄叶，无垠的沙漠，浩瀚的大海，黑暗与光明的交错交辉……

我起身走过去，拿过奶奶手中的书，跪坐在奶奶的身旁，附在奶奶耳边，轻语："那就让我来当您的眼睛吧。"奶奶浅笑着："好。"

我匆匆扫了眼书页，是有些年头的书了，虽然书页已经泛黄，但被保存得很好。当我读第一句话的时候，就明白了这是哪本书。我看向奶奶，她轻闭眼睛，脸上是少有的疲惫又宁静的表情。我接着往下读，声音放得很轻很缓，是怕打扰了她。

翻页，静谧之中有轻微书页摩擦沙沙的声响。一张照片从书页中掉了出来，我捡起，是一张与书页一样泛黄的老照片。"这是年轻时候的我。"奶奶已经睁开眼睛。我的眼睛，与她一同落在了微笑着的旗袍女子身上，从照片中就足以窥见奶奶年轻时的风华气韵。"可惜啊，"奶奶轻轻开口，"那件旗袍在'文革'中丢失了。"奶奶浑浊的眼睛或许是因为休息了一会儿而变得明亮。那种儿时我看不懂的神情又出现在她的脸上。

我握住奶奶的手，那双因苦难而充满沟壑的手，正好是阳光的温度，我凝视着那书页上的一句话，以坚定的语气读出来："真理之川从它的错误之沟渠中流过。"奶奶浅笑，明媚的眼眸中泛着宽容平和的光，与那照片上几乎毫无差别。岁月和沧桑并没有在奶奶的眼睛上留下痕迹，反而给予了因此而沉淀下来的平静。

冬日的暖阳斜斜地映射在照片上，若有若无的暖香清清淡淡地飘浮在空气中……

后来，我在读《飞鸟集》的时候，留恋那个明媚的纯洁的自由的世界。在金色的天穹下，无际的天空中，在萤光朦胧照着的仙村里，浮现的却是奶奶挺直的背脊，浅笑舒展的眉目和明亮的眼眸……

（指导老师　赵红霞）

| | |
|---|---|
| 选择真实的自由 | 乔羽纯 |
| 枯树，你开了花 | 徐艺丹 |
| 承德，一个王朝的山庄 | 颜雨涵 |
| 人类的悲欢并不相通 | 管敏丞 |
| 止于唇齿，掩于岁月 | 杨怡悦 |
| 两岸 | 陈涵丰 |
| 下一个春天 | 胡紫卉 |

## 下一个
## 春天里的花

# 选择真实的自由
## ——记《楚门的世界》

黑龙江省哈尔滨市第三中学高三
乔羽纯

不要踟蹰着拆穿那个骗局，
而立之年应当不惧放弃那处谎言的桃源；
该怒斥，怒斥真实的退却。

你看着毫无温度的太阳，
不知为何来到这世上。
那摄人的灯头东升西落，

海天相接的邈远其实是触手可及的尽头。
镜头吞噬人的面孔，
隐匿在映照真实的镜子背后。
你于这个梦境中诞生，
梦境外的女人难以直言这地狱的出口。
真实的人，活在虚假的囚笼里，
对此津津乐道的假面们，活在外头。

怒斥吧！咆哮吧！
哪怕淹没在滔天的巨浪里——至死方休！
与造物主敲定的剧本决斗。
即使欺骗者坐拥一个世界的力量，
即使戳穿全部的美梦打碎三十年的幻想，
妄想看你向恐惧与诱惑垂首，
也必定在以命相搏之后。

当你失去了拥有真实的权利，
当你被剥夺了自由，
当你的尊严被曝晒在镜头之下，
又当你被戏剧般的命运所救，
最后致敬一次吧，
你瞅着铺满勇敢的眸。
背负着颠覆世界的代价，
头也不回地选择纵身找寻自我和自由。
愿真实的人被真实的世界给予最真实的温柔，
愿你迈步踏出遮天的欺骗，
听到久违的自由与真实轻笑着说上一句，

孩子,这梦游得太久。

如果今天再也遇不见你,
就祝你,
早安,午安,晚安。

(指导老师 张 雪)

# 枯树，你开了花

甘肃省兰州市西北师范大学附属中学高一

徐艺丹

我心中有一簇迎着烈阳肆意生长的花，纵然风雨猖狂，依旧野蛮生长。

——题记

万里迢迢，沧海茫茫。万物太渺小，生命皆短暂。人的一生能够实现什么？或许我有一腔热血，有一颗炽热的心，我会献身于祖国吧，我会拼搏于沙场吧，我会驰骋在大好河山吧。又或许，我只有一片纯净花园，我只有一屋、二椅、三餐、四季，那我会尽力去爱、去恨，去田野、去小溪，去看看不同的地方里不同的风情。再或许，我什么都没有，只有我自己，只有一个诗意的灵魂，所想只有——无穷的远方，无数的人们，都和我有关。

我能够实现的不过如此。

颠沛流离，孤独漂泊。那漫天星火，那万丈光芒。若不管能不能，只在乎想不想，这一生想要什么？如果没有梦想、事业，人生的价值难道无法体现吗？在我看来，人生价值需要一步步"晋阶"。第一阶，浑浑噩噩，迷茫无助。这一阶里有社会最底层的人，有看似高层次实则漫无目的的人，他们不好不坏，只是度过的每一天都是苟延残喘，匆匆忙忙。第二阶，野心勃勃，扬言要改变这个世界。但更多时候，他们只在自己的战场上挥洒热血，他们只为了物质的梦想而奔波，但对于自己而言，人生的价值是实现了的。第三阶，极少数人所讲的修行。他们想要的不再是未知的疯狂，不再是澎湃的热血；也不仅仅是浓郁的芳香、干净的白云，而是这天地！要这天，再遮不住世人的眼！要这地，再埋不住世人的心！要这苦的众生，皆活得自在！要这众生的苦，皆烟消云散！

我想要的，也不过如此。

鲁迅先生有一句："我不是高僧，我没有涅槃的自由，却还有生之留恋。"我也不是高僧，我无法舍掉七情六欲，无法真正理解"万物皆身外"，我改变不了这世界，也绝不会被这世界改变。

花缺月残，怅望灰天，潸然泪下。现代人越来越追求物质。暧昧的感情，昂贵又廉价。信赖的依靠，拥有又遥远。陌生的人们，危险还害怕。生命拒绝群居，想趁年轻变得独立，可后来呢？成了孤立、孤寂。再后来呢？冷漠，彷徨，迷失，陌生。淌着热血的心，也早已郁结。

而价值这个词，仿佛真的成了价格。生命为了价格高的不惜互相撕咬，怒目圆睁着，凄凉行着。人类进化史改变了生存方式、思考方式，也改变了存在方式。存在的意义是要证明自己是强者。何为强者？拥有的多？不，是灵魂啊，你的灵魂富有吗？你的灵魂强大吗？你的灵魂有价值吗？

雾太浓了，蒙住了太多人的眼。光太强了，刺痛了太多人的心。这天地太大了！但若这天阻我，我会突破这天；若这地碍了我，我将踏碎这地；若有南墙，撞穿就是；若有深渊，跃过就是；若生而为人，定要不虚此行！

我心中有一簇迎着烈阳无畏生长的花，纵有风风雨雨，无所谓，扰不乱我，依旧野蛮生长，那才是我的生命真正的价值，无论任何都无法阻挡！

枯树啊，你会开花。生命之花。

（指导老师　白云霞）

# 承德,一个王朝的山庄

山东省济宁市曲阜师范大学附属中学高三

颜雨涵

一

提起承德,你会想到什么?

康乾盛世,避暑山庄,热河行宫?还是一望无际的青山绿水,浩浩荡荡的武烈长河?你会想到皇宫内院的沉香阵阵,后宫妃嫔们的衣香鬓影;或许你还能想起一些东西,一个叫作热河的省份,一次似是而非的移民,一场塞外玉门关前吹不度的风花雪月。

你知道我想到什么吗？

我想到了生存，我想到了死亡。

我想承德或许是这个世界少见的例子，至少在我这里，从未有一个城市的变迁，如承德一样<u>丝丝</u>扣人心弦。

路过的，请把你的背囊放在随便哪块石碑下面，然后慢慢抬起头来，看看这个城市，看看这个城市灰蓝色的天空，再看看那缭绕的云雾。如果天气好，你再看看那座山庄的高处，看看那刺破云端的金光闪闪的大金顶。

然后请你坐下来，听我给你讲一个故事，一个真实发生在这座城市的故事，几百年前，当这座城市还年轻的时候。

## 二

热河，在清朝之前，是个丝毫不起眼的小城市，或者连城市都算不上。一个乡村，有自给自足的肥沃的牧草和田地，风景秀美，民风淳朴。

清军入关后，圣祖爷想修建一座可以通关外、内连中原的城厥。以结四方之心，和八荒之意，供作避暑、商谈、狩猎、集会，加强中央集权。于是，承德就在一夜之间崛起了。像数百年后的深圳一样，从一个地图上看不见的小点，迅速扩张，明黄色的龙旗招展，木兰秋狝的围栏竖起来，皇帝的车马摇摇晃晃地从京城而来。

你知道热河最盛的时候是什么模样吗？从丽正门数起，淡泊敬诚金丝楠木堆出丝恋叠翠，四知书屋经史子集垒出余韵飘香，烟波致爽的珐琅精致如霞，云山胜地的桑梓苍翠如云，金山上帝阁浓缩了江南美景，烟雨楼再现了江南繁华，那水心榭分南北，那芍药园辨春秋，四面云山窥盛世全貌，清风绿屿枫红如火。

站在这里，你分不清时间，因为汉唐宋元都可以在此找见；站在这里,你辨不出地点,因为江南塞北都汇聚在这里,微缩成一个歌舞升平的世界。

热河,从此成为复都,从此装扮一新,像一条蛟龙或者新生的雏凤,安然地盘踞在这个山河分界的关口,仿佛一念之间,可以蔓延千年。

## 三

什么东西可以永恒?

金银富贵,权势财气,锦绣山河,盛世气象?还是几百年上千年的时光,或者一个看似宏伟的王朝?

我听见笛卡儿说,只有思想,那个缥缈不定的孩子。

我听见吟游的诗人说,只有梦中的长安。

我听见抗争的文人们说,只有兴复中华。

那么热河呢?当富贵如烟飘飘散尽,它还有什么呢?

热河的衰落从《中俄条约》签订开始。随着一百五十万平方公里的土地拱手相让,热河曾经得天独厚的地理优势不复存在,热河人民一定不会想到,一手缔造了热河神话的清廷,会一手将这个城市推下深渊。

慈禧离开以后,这座金碧辉煌的山庄大门一关就是三十多年。你想象一下,枯败的落叶一落三十年无人清扫,昔日青玉香炉里的香风而今只剩下残灰浮尘,灰白的天空下屹立着的宫殿楼阁,只有那远方飞来的鸟儿可以驻足。

热河的人们不明白,为什么热河一夜之间就变回去了,甚至比未开发之前还要荒凉。他们涌上城墙,企图看见那面招展的龙旗再次踏着云山雾绕而来,可是他们等啊等啊……等到的,却是清王朝覆灭的消息。

## 四

锣鼓喧天的游行没有了,热河的人们已不习惯于街头叫卖,更不习惯四下里寂静无声,他们三三两两地聚集起来,偶尔有羞涩的叫卖声,也很快湮没在西伯利亚传来的寒风之中。

满人当惯了大爷,清朝灭亡之后,他们失去了贵族地位和俸禄。

汉族人习惯了与驻守的军爷打交道做买卖,清朝灭亡之后,他们失去了谋生的市场。

清朝灭亡之后,热河的经济一再下滑,一个昔日繁华如六朝金粉之地的城市,一个如同西方威尼斯的地方,在这次无可避免的灾难中,无可避免地衰落下去。

有人开始想要离开,毕竟有太多原本就是贪恋繁华才来到这里的移民。

大家有缘分在一起住上一百年二百年。我承认自己爱慕虚荣,所以我现在选择离开,不要说谁高尚谁怯懦,我不要留下来,背负重建热河的责任,我本不是它的主人。

那就离开吧。热河的人们如是说,你若想走,便走吧!

悄悄地,拖家带口的人们离开了热河。月朗星稀的夜里,有的人选择更北方的地方,亦有人选择了江南烟雨。热河无方言,所以他们很轻易地融入了日后的生活,他们学会当地的语言,学会了与当地的人们打成一片。他们身上属于热河的记忆越来越少,一代代过去,没有人数得清热河有多少座亭台楼阁,可那种刻骨铭心的从极繁华到极衰微的悲凉无论多少代之后,都分分明明地从梦中记起。

大热河,对于这一部分人来说,是伤口,是希望,曾经的希望和现在的无可承受的生命之轻。

那剩下的人呢?

那些热河的原住民，还有那些爱上这片土地而不愿意离开的寄居者。

你让他们怎么办？

他们的工地被一座座死气沉沉的砖瓦结构所占据，繁华搭在他们世世代代谋生的牧草与麦田之上，曾经的救世主给了他们金钱与繁荣。现在，他们拍拍屁股走了，烂摊子没有人收拾。没有了生活来源，一个百分之八十都是山路的城市，在无人问津的荒郊野岭，举步维艰。

乱世之中，人人只能自保而已，谁会去管那一座荒废的城池。"五四"运动，抗战，解放战争，中原声势浩大，各路英雄如八仙过海，各显神通，可为什么没有人管热河呢？是因为它的历史而把它当成什么保皇派直接放弃了吗？一个城市能有什么罪孽？可说什么都无济于事，放弃了就是放弃了，地形不重要，历史有污点，不批斗就是好的，你还想要什么扶持吗？

## 五

中华人民共和国成立之后，撤销热河省，改热河省会热河市为承德地级市，热河最后一层光环就此卸下。

终于有人开始注意这座城市，知识分子带着同情的目光，暴发户们带着不怀好意的眼神，一寸寸扫视着这片土地。

一个英国人来到这里，带着相机和简单的行李，拍摄下热河当时的面目。

避暑山庄里，一落几十年的叶子埋葬了大半的庭院。班禅行宫里，昔时辉煌的大金顶被人残忍地揭下来。荒芜的草地，青苔纵横的武烈河，巷陌虽深，可没有人影。

你说这儿像不像一座死城？

你见过楼兰古国吗？还有庞贝古城。那就是死城，看起来没有生命，或者说，没有生命力，一座苟延残喘的城市是死城。

　　我年轻，没有见过那样的城市。但可以想象，是何等的荒芜，热河，热河！一消沉，没想到你再也没有醒来。

　　如果早知道会是这种状态，那么我宁愿热河从来没有被发现，从来没有辉煌的曾经。就像一个人，平平淡淡地走下去，要比先升到顶点再摔下去更有勇气。

　　热河啊热河！

　　我的热河！

## 六

　　曾经以为它就那么死去了，就像人死不能复生一样，它再也不会醒来了，就像台上扮好的虞姬，那柄刀刃一抹，就没有它的戏份了。

　　我来到这里，也不过凭吊而已。我想看看这里依稀还存在的繁华，那些仿佛老人皱纹一般的残破灰瓦，还有一座承载了一个王朝的山庄。

　　我闯入这里的时候是个淡漠的雨夜。我打着一把伞，站在山庄的大门前，看着门口两只威威武武的石狮子，突然有一种跪下的冲动。可是我什么都没有做，我就那样站着，碧锤峰屹立如鬼魅，影壁和路灯如同黑白无常，真的很安静，安静得可以听见时光掉下来的声音。

　　夜深了。

## 七

　　清晨，我掀开窗帘，金灿灿的阳光洒进来，照在我手边一本《承德城市规划志》上。我把早餐摆到桌上，一手托着吐司，一手翻开这本县志。

你知道吗？看着看着我就笑了起来，笑得眼泪滚滚而下。

你知道吗？那一刻，我有仰天长啸的悲感，有欣慰，有释然。

是啊是啊，终究是我多虑了！是啊是啊，它终究还是醒来了！它终究没有被那世事打垮！我的承德，我的热河，我那遥远的地方啊！终究坚毅如斯。

1978年改革开放，承德市抓住机遇，下决心修整外八庙及承德避暑山庄区，投资无数，历时多年，而后开门迎客。迄今为止，旅游创收屡创天量。

2004年，承德市举办一系列全民活动。

2010年，大型历史剧《鼎盛王朝》开演。

耳边传来喧闹，我走到窗前，看着身穿红黄两色运动服的人群浩浩荡荡地跑过去——全民马拉松，我在别处从未见过如此朝气蓬勃的马拉松。

每个人脸上的笑容，那么真实，那么有活力，就像一个天不怕地不怕的民族，看不出沧桑，看不出沉重，只有勇往直前的力量和足以击破一切颓然的精魂。

年少不知愁滋味吗？

你再往那巷子里看，一个卖羊肉汤的老婆婆，几个打着蒲扇谈天说地的老爷爷，你听他们在说什么？

哦，他们在讲那个鼎盛的王朝，讲承德昔日的繁华，讲那些风帘翠幕，参差十万人家，语气里只有骄傲，为他们的城市曾经到达的高度而自豪。没有人悲伤，亦没有人愤慨，也没有人讲起当日的不易。

因为他们站了起来，因为他们那顶天立地的勇气。

这里已不是什么死城，哪怕有上千年的历史，这里依然年轻如斯。

心态吧，还有勇气。

可贵啊！

把承德看作一个人，把它的兴衰移到个人身上。

看吧，无论你受到怎样的挫折，只要你有勇气，再加上一点点豁达的胸襟，有什么不可以打败的吗？又有什么理由沦落呢？

每个人都是一座城。

每个人都有兴兴衰衰，悲欢离合。

你要么选择当庞贝，要么选择当承德。

我亲爱的朋友，你的选择是什么？

（指导老师　班　朋）

# 人类的悲欢并不相通

上海外国语大学嘉定外国语实验中学高三

管敏丞

凌晨。

正在做着好梦的我,被楼下一声歇斯底里的"救命"惊醒了。迷迷糊糊中,我起初以为只是过路的醉汉在那里声嘶力竭地发酒疯。但当耳畔再次听到那一声高过一声的"救命""救命"时,我才觉得事情有些不对。

黑暗中,我蹑手蹑脚地拉开窗帘一角。只见楼下停着三辆车,三辆车围着一群人,一群人围着一个人,那群人正试图控制那个势单力薄喊

"救命"的男子。我紧张得手脚冰冷,连灯都不敢开。

可我只是静静地看着眼前这一幕:那个大声喊着"救命"的男子想极力挣脱,但被另外几个人牢牢地挟持着。他们试图把那个男子往车里推,而那个男子只能不断地挣扎并歇斯底里地喊着"救命""救命"。他的声声"救命"带着惊恐带着哭腔带着期盼。或许他期盼着能喊醒那些梦中人一起来解救他;也或许他期盼着会有一个人正义凛然地站出来替他怒吼一声:"你们在干什么!"更或许他只是期盼着有个心地善良的居民在暗中为他报个警。但这一声声"救命"并没有喊出任何一个人,包括我自己。

深夜里,他带着希望喊着。

黑暗中,他带着哭腔喊着。

黢黑的长夜里,他绝望而又无助地喊着。

终于,他不喊了。

他被拖进了那一群人的车里,车子疾驰而去,消失在黑暗中。这期间,没有惊动任何一个人,包括守夜的门卫。

我不知道在这个小区里,有多少人听到了那个男子的呼救声,却以为只是醉汉在发酒疯而未起身查看;又有多少人像我一样,在经历了一番心理斗争之后,只是选择拍下照片作为证据,但最后依旧小心翼翼地合上窗帘,没敢下楼,甚至连灯都没敢开;又有多少人袖手旁观,冷眼相待,说一句"人各有命",便倒头睡去。

车子走后,小区又重新回到静谧,静谧得可怕。那些平时勇猛无比的壮汉不见了,那些咒骂着世态炎凉的人也不见了,那些张嘴便是仁义道德的人都不见了。

我在他那一声声的呼救声中,似乎清醒地听到了他对生的渴望,听到了他对这人世的绝望。

我不知道在那个男子身上发生过什么;我不知道为什么在这个居住着百户人家的小区里没有一个人下楼;我更不知道那个男子在今后的日子里会对这个社会抱以一种怎样的态度。当他遇到有人呼救时,他是会选择无私地伸出援手还是带着一种报复的心态冷眼旁观？在这个黝黑的长夜里，是人睡着了？还是人的心睡着了。

我都不知道。

鲁迅说："楼下的一个男子病得要死，那间隔壁的人家唱着留声机，对面是弄孩子。楼上有两人狂笑，还有打牌声，河中的船上有女人哭着她死去的母亲。"

鲁迅还说："人类的悲欢并不相通，我只觉得他们吵闹。"

原来，人类的悲欢并不相通。

（指导老师　陆晓红）

# 止于唇齿，掩于岁月

上海市青浦区东湖中学高二

杨怡悦

世界再大，我走不出你。

傍晚，爷爷打电话给我说想奶奶了，问我："'十年生死两茫茫'怎么背？"我忍着眼泪背给他听："十年生死两茫茫，不思量，自难忘。千里孤坟，无处话凄凉。纵使相逢应不识，尘满面，鬓如霜。昨夜幽梦忽还乡，小轩窗，正梳妆。相顾无言，惟有泪千行。料得年年断肠处，明月夜，短松岗。"

我想到了你。

或许我无法和你一起白头，但我们还是会白头，只是天各一方。

只要是你，无论是不是盖世，是不是英雄，是踏祥云还是人字拖都不重要了。只要你伸出双臂给一丁点儿温暖的拥抱就足以令我沦陷。还好暗恋永不死，我还能失去你好多次。

我想你身上的味道大概类似干净凛冽的雪松林。雪夜里，我站定在寂静无声的森林边缘，身前是繁华的灯火，流溢着金色车灯的公路；身后是一轮白色的月亮，爱你一事，给我不歆羡热闹的宁静。

就像舒婷在《心愿》里所言："我的心裂成两半，一半为你担忧，一半为你骄傲。"

你之于我，都只是平凡到骨子里的普通人。人生沧海，妄图在余晖散尽前留一抹最绚烂的光线，企图在夜色迟暮里寻找最闪亮的那颗星辰。我们等一个人，我们爱一个人，最终用尽全身力气愿追寻一道永恒，趁还没老，趁还能拾起满腔热血，如微风吹过丛林遍野，如星光洒望大地无垠。

我之于你，也不过是最稀松到无须处理的麻烦，拘谨地盼望在挥手作别时听一声最普通的呼唤，期望在熙攘的人群中能途经你远眺的那个方向。一个人使我们渴望，一个人使我们忧虑，最终失去不多的勇气，愿常听得到你如今际遇。趁阔别已久，趁还能从记忆里描摹最好的你，如天幕缓展，星斗推移；如疾风横行，静虚千里。

一相逢就脸红，一相离就想你。

见到了你，就变得很低很低，低到尘埃里。但我的心里是欢喜的，能从尘埃里开出花来。

你去了洛阳，大雨便不曾湿过长安；你留七月，七月便永远只与你有关。

我真的不想再梦见你了，因为我负担不起一个又一个失落的早晨。枕头里藏着发了霉的梦，梦里住满了无法拥有的人。

但用力爱过的人，不该计较。

还记得那天逆光而下，树叶悄悄伸出围栏，树影轻轻地洒落在你的蓝色衬衫上。你抬头，眼中仿佛盛满了这世间所有的光华璀璨，星辰月光，我无法转眸驻足别的地方。你缓缓勾了勾嘴角，莞尔一笑，光线正好穿过我能看见你的那个让我怦然心动的瞬间，照亮了我前方的路。我听说这个世界，就在那一刻，喜马拉雅山上的星星特别明亮，遥远的深海里远古开始就有的巨大生物跃出水面无人知晓，某个城市的夕阳缓缓落下。极寒的雪天，有人的壁炉里一定有跳跃的火苗。"这样看你，用所有的眼睛和所有的距离，就像风住了，又起了。"你是一树的花开，是燕子在梁间的呢喃，你是人间四月天。"香魂一缕随风散，愁绪三更入梦遥。"我的每一支笔都知道你的名字。"林花谢了春红，太匆匆。无奈朝来寒雨，晚来风。胭脂泪，相留醉，几时重？自是人生长恨，水长东。"余生太短，你好难忘。我能明白生命中的每一个人都值得被珍惜。十七岁时出现的你不会再出现在二十七岁。遇见你是一种幸运，但我想说，不遇见，也是。在这个最无能为力的年纪，遇到正值青春年华的你。"君生我未生，我生君已老。君恨我生迟，我恨君生早。"在兵荒马乱的青春里，做了一件最疯狂的事。那件疯狂的事就像手握至宝一样小心翼翼——如履薄冰又卑微至极地喜欢了一个人。

突然明白"穷极一生，做不完一场梦"的含义。今夜你是我的梦，可你又怀着谁的梦？我有一瓢酒，不知道可不可以慰问你的风尘？一揭青瓦，化了早霜，春宵假寐思檀郎，娇嗔登阁抢夜光。

下次见你，我想以好久不见的名义拥抱你。

不知道你是否听说过：如果太阳熄灭光芒，地球上的人要八分钟后才会知道。太阳熄灭后的这八分钟，其实和往常一样温暖所有人都不会察觉到它的虚幻。但总有一天，一切都会成为过往。

亦舒在《她的二三事》中曾说："如此情深，却难以启齿。原来你真爱一个人，内心酸涩反而会说不出话来，甜言蜜语，多数说给不相干的人听。"

遇见你的时候，我大概像个经久未停下步伐的旅人，经过一个小镇时广场上突然响起了钟声，一群白鸽在布满晚霞的天空中回旋，而我只有一个念头——我不想再流浪。

我记得在《渴望生活——梵高传》中曾有言："重要的是爱，而不是被爱。"

我走过路，攀过山，穿过云雾，踏过断桥。风月在身后，良人在眼前。池鱼，思故渊。

我还是很喜欢你，像雨散落在热带和极地，不远万里。

我还是很喜欢你，像老故事里的泛黄桥段，半聋半哑，失了生息。

我还是很喜欢你，像固执押韵的排比，词不达意。

改编了知乎上一首小情诗："我原来不做诗人很久了，才思枯竭，肉体平庸，听不见山间风鸣，摸不到耳垂温度。炸不开故事，和他们一样，在烟尘蒙蒙中行走。某一天恰巧遇见你，在初夏新生的日光里，你莞尔一笑，牵动心肠，就忘记了厚厚乌云，忘记了前世痛苦忘记了荆棘满途。我暗恋你，很久了，要做星辰围绕你，要做影子与你对应。而最终，要做回歌颂你的诗人。"

记得安妮·海瑟薇曾在《One day》中说："I love you. Dex. So much. I just don't like you anymore." 我无法控制自己对你的无法忘怀，但我已不再对你满怀期待。

在这里我要对你说："I love you. So much. I'm sorry for that." 对不起，我好爱你！老师，很难遇到你这样的人了，也不需要再遇见。

# 两　岸

上海市浦东区复旦附中分校高一
陈涵丰

> 六千多个在泪里沉浮的日子，我们过够了，中山陵上的落叶已深，我们的手臂因渴望一个扫墓的动作而酸痛。
>
> ——题记

所有的同伴都在外面等我了。他们所站之处，有清风和暖阳，和今天上午的玄武湖是同样的布景。轻云薄雾，总是少年行乐处；而这样的日子，实在不适合在幽暗的纪念馆中久留。

可是，悲伤的事物总是行驶得缓慢，就像三十万幕的悲剧至今仍不肯谢幕一般。我在黑暗中挪动步伐走过展柜，所有的苦难就在面前流转，让我想起台湾作家张晓风的散文中动心骇目的字句，在泛黄的物件和模糊的相片中仿佛终于得到印证。褪色的旧物和血肉饱满的文章第一次重叠在眼前，使我在心动之余，竟然忘记了思量：晓风是对岸的文人，她所记述的，与我们向来不是一回事。可是，战争带来的流离失所、死亡恐惧，走到何处不都有着同样的面目吗？

临到出口时，有一个装置，每隔十二秒有一滴水落下，并有一位死难者的照片亮起再灭去，代表一个生命的消逝。我伫立在那里，只等了两三滴水下落，便心中又惊又痛地转过了头。我终于明白，这一切的悲伤，任我无论在这里停留多久都无用。三十万个生命这样逐个悼念过，需要整整六个月，正是大屠杀那段不堪回首的岁月。我年轻的生命较之或许太过轻浅，无法消受。

我于是疾步向外走去。身后，时间仍在流逝，水滴仍在陨落，日以继夜，永不止息。我想，这些眼泪，可以注满一个玄武湖吧？

而悲哀，又何尝能够与这番清丽秀美的景色联系起来呢？想起上午我们泛舟湖心，湖上风来波浩渺，我们同样是徐徐向前，但每个人的心头都毫无忧虑。周游过后，我们也就轻松地离去了。暮春时节的玄武湖并不至美如阆苑仙境，岸边市井喧嚣，还有一个"台湾水果展"似乎也不够吸引人。甚至，也不见书中所写的，那夜夜潜入南国的清梦中的荷香。

然而在纪念馆走过这一遭之后，我的了悟又来何迟迟！是这样，一定是这样了——这烟笼的岸边，一定迎来过一群不同寻常的游人。一汪如画的湖水，只是世人公认的美罢了，可如果要背负乡愁呢？真正绝美无伦的风景只在半个世纪前他们最后仓皇的一瞥中，而荷香，也只在他们背井离乡的那个季节浓郁芳馥。可当他们终于重回这里，已再也无心沉醉于美景。面对故园秀丽如旧，他们风干的眼泪在巨大的无奈中无以言说，他们僵老的双膝也再不能跪拜早已无处可寻的先人。让我想起这些的，竟是发生在这里的另一场毫不相干的苦难。

纪念馆的灵堂，漆黑中闪起点点灯火，一个低沉的男声念着他们的名字。我落泪因血浓于水的牵绊，可是在泪光中，我避无可避地想起玄武湖岸的风和日丽——那批面容疲倦的旅人，或许有一部分留了下来，用所剩不多的残年填补半生的缺憾；有一些，还是很快回到了那座多棕榈的岛上去了吧。他们疾疾离去，就像我怎样离开纪念馆。太多不忍，南京是我们心头的一道疤痕，也同样在他们的身后形成另一道疤痕。

万人坑的沟壑纵横里躺着的是白骨，南方岛屿的岩石间碎成齑粉的也是白骨。只不过，我们的伤痛安放在肃穆的纪念馆，他们的伤痛隐忍在云淡风轻的湖畔。只不过，我们不曾洞悉与悲悯彼此。而当看见外国游人在粗砺狰狞的浮雕墙下留影时摆出的笑靥，与路过这城市中每一处"观光地"无异，我要承认，这一切疮疤，也只有两岸的我们可以互相拂拭了吧？

无论是被困，抑或是逃散，闪避不开的是战争岁月里殊途同归的厄运。而当我们重聚于这座已被苦难的印记充斥得拥挤不堪的小小城市，亲身正视这段千疮百孔的民族历史，或许终于找回了一些最初的认同。

# 下一个春天

广东省中山市中山纪念中学高二

胡紫卉

我的外公,在大半生里盼得最多的,就是下一个春天。

"婆,外公怎么还没回来呀?"我端着半碗糍粑,在夏日的暮色里坐了下来。

"嗯,应该快了,"外婆在灶台与柴火之间探出脑袋,眼向外瞥了两眼,"喏,你看那个远处走过来的是不是?"见认对人了,蓦地外婆又把锅铲放下来一瞪眼,似是想说"你以后能不能不要这么晚回",手上却是将外公手里端着的器什提了过来,放在椅子上。

是的，眼前这个肤色黝黑，精瘦又结实，眼里仍闪烁着快活的光芒和挡不住的仁爱的老人，就是我的外公。外公家中应是世代贫农，没有读过书，他自己也没有离开楚地这个小镇，一直安于本心，守着自己的土地，日复一日地从早到晚默默耕耘，眼里还总有一个春天。

以往我总是不理解外公为什么一直盼着春天。农家人，不应该在象征成熟的金秋来临时更加高兴吗？莫非是他自己和他的小孙女都在春天诞生的缘故？每当我问起，他也只摸摸我的头："傻孩子，你不懂，一年之计在于春啊。"刚从小学课本上读到这句话的我又怎能很好领会他的意思？而在今天，当初看起来似是不可解的问题，似乎解了一半。外公是土地的守望者，他视土地如希望、如生命。于他而言，赋予生命以生命，自然是比收获更加美妙的事情。

思绪不禁又飘回很久很久以前。童稚时期，外公拗不过父母的盛情，南下与我们一同住。尽管农村不比城镇繁华有趣，外公却是住得浑身不自在。他在农村地头的熟悉感没了，他手里忙着的农事被迫放下了，人也似乎没那么有精神了。脚下踩的是冰冷的坚硬的瓷砖地板，而不是楚地那有温度的亲切的泥土。因而他总是焦虑，耐不住，成天走来走去，无所适从。一会儿他下楼转转，看陌生的老大爷喝茶打牌，却也不乐意多待，回来又躺在长椅上，望着天，嘴里念念有词："春天来了，春天来了。"

他到底是待不下去，用他的话来说："我一个种地的，干啥要来城里遭这档子罪？"于是后来没多久他又回老家去了，还是在那儿比较舒坦。

春风去了又来。

前两年春天过后不久我们一家到了家乡，那个安静地坐落在楚地一角的小村子里。进了外婆家，照例是见不到外公的，只有外婆一人在家打理。她笑着说："你外公出去帮村里修路了。"我大吃一惊：修路？不是应该在田里干活吗？

"是呀，修路有问题不？"闻声，只见外公慢悠悠地从屋外走了进来，带着一身汗珠。"如果这路不修好你们都不愿意回来，真是的。"

　　刹那间我有些恍惚，脑海中蹦出来些断篇残句的猜想。其实外公也如同我们思念他一般思念着我们，不然他当年不会抛下自己的土地前来与我们一同住。只是他年龄越大，越是无法割舍他成日用眼看、用脚踩、用心耕耘的泥土，这大概就是老人们常有的乡土情结吧。

　　"哎，哎！小孙女！"我想得入神，不觉外公已叫了我许多声。"还记得我以前告诉你的不？一日之计在于晨，一年之计在于春，"说到这儿，他停下叹了口气又踱步出门外，遥望着远方一座座低矮的山丘："你现在还年轻，可一定要好好读书，好好学习呀。然后去更远，更多的地方好好看看，替外公看看外面的世界，那可比种地有趣多了……唉，也不知道我还能活过多少个春天呀……"

　　我鼻头一阵酸，听老人谈论涉及死亡的话题，总是件残酷的事。悄悄地，我走到他身边："外公，你说些什么呢，别开玩笑了……"

　　他一转头，我刚好对上他明亮又坚定的目光。

　　"呵呵，放心吧，我离那天还远着呢，怎么说也得再见到下一个春天。不，应该是之后的好多个春天吧……"

　　那夜，对着月光和一滴不知何时落下的微不可辨的泪水，我在被窝里暗暗许了个愿——

　　愿外公寿比南山，还能见到好多个春天。

（指导老师　石　錾）

## 记忆里大雁已南飞

嘿——这是我的守望
河流像是一个倾听者
站在河流记忆的边沿
"毛人"旧梦
站在河流记忆的边沿
乡味
大雁已南飞
树

王　涵
华妍欣
孔涵闻
刘婧毅
郭博航
王泽普
黄喜璇
白芊洲

# 嘿——这是我的守望

安徽省安庆市第一中学高二

王 涵

## 灯光扬于朔风之中

零下30摄氏度的寒夜里，风又刮起来了。

这里的风是毫不客气的，像一个愿望没满足的小孩总是哭叫争着糖吃。但大多数时候，却更像一个内心残暴、面色阴冷的矮个中年男人，压得低低的，气息重重的，让人的鸡皮疙瘩从脚背起到手背，跟触了电似的动弹不得。风灌在脸上，刀子一样一下下割着，到最后裸着的皮肤都不是自己的了，在冰珠子里冻起来了。

　　踩在厚厚的冰面上，只想赶紧找个地方歇下来，这样的凛冽一般人早已不做无力的对抗。一片黑沉沉的阴翳中，一抹微弱的淡黄摇来摇去，在冷与黑的打压下险险地坚持了下来。屋里壁炉旁的椅子上坐着守着寒风与极光的人，"第三十个年头了。"他想，他在这里度过了他的中年时光，即将步入老年。在木屋里，东西都像是上世纪留下来的，罐头、地球仪、图画以及冰雕，连收音机都开始咯吱咯吱怪响了。

　　他一直一个人住，原来的队友和伙伴受不住这刺骨的温度和窒人的冷清，早早离开了。他没事和一只雪橇犬在一起，到冰上遛遛风景。"你在这里又干吗呢？一个人待着怕是无聊死了吧。""要做的事可多了，"红通通的鼻子带着冰的印记，他思索一会儿，"总有要来这儿的人，他们要探险，要做研究要航行，总有好多事情。光靠他们自己可不行，他们常常跟我联系，我帮他们跟这冷得不行的地方打交道——这是我的工作，我就是要完成这任务的。"他停下来，又说，"再说我也喜欢这儿，安静干净，总有时间想一想自己这个人，想一想未来还有无数人要来，这种希望，这种光明，又哪里会让人寂寞呢？这儿可是我的乌托邦。"孤独不可怕，黑暗不凶残，冷风不暴躁，好像没有什么能扰乱了他的心似的，他就像一抹微光，虽微弱，却总不会灭；又如灯塔，就这么定定地立着，动也不动。

　　总少不了这样的灯光。当太阳打败地球成为宇宙中心时，当哥白尼被押到行刑台前时，他好像也没有什么太多无谓的表示，他并不大声呼救，也不低声下气地求着教会认同，他心里明明白白知道自己站在诋毁的风暴中却有最后的光明，他坚持自己的理论，从不觉得寂寞。当梁启超拉着光绪的手畅谈理想，却因广东话与京话的差异而语言不通时，当维新变法失败被迫远渡日本时，内心应该也没有太多的慌张与退缩。在充满闪光灯的绚烂舞台自由地高歌与演讲自然是幸福的事，但仍有太多人选择在黑暗中点起一盏灯来照亮他人，这是他们对自己理想的守望，对信念的守望，对光明的守望。

这样的灯光，这样的期待，是他们的乌托邦。

## 勿忘那田园牧歌

小秦回去了，他无疑是一个学霸，耶鲁毕业的他却选择了当一名大学生村官。尽管是城里人，他始终没忘乡里经济的发展。为了融入当地，他改掉了经常洗澡的习惯，座椅再脏也马上坐下，不会想着吹一吹，擦一擦；村里有老人过世，给了他一条白色腰带，说系上，马上就系上，说还要跪拜，二话不说，立即跪下，磕头……"如果你认定要做一件事情，你想过所有可能需要面对的情况，就一定都能适应。"他笑着说。他是一名称职的村官，总是想着怎么创新：他寻求项目合作，进行产品售卖，开创"黑土麦田"并坚信其在全国有所作为的未来。"这是我的乌托邦，"他笑笑，"即使坚持理想并非易事，但要始终不放弃。"

最终还是回到了家乡，还是回到了内心不愿忘怀的安详。秦玥飞像众多心系黄土地的人们一样，浸润在了沈从文《边城》里山川和谐的配合里，又在这世世代代的传承里找到了最好的方向。他变成了心灵漫游阡陌，而扎根于泥土的人。他找到了田野，收获了远方。守望着这一片故土，是中国人世世代代绵延下来的对精耕细作的情怀，以及对土地深深的情感。

这儿的纯良，这样的创新，是他们的乌托邦。

乌托邦并非无处可觅，它是家乡，是理想，是职业，是光明，是充满希望的梦……只要你不放弃地守着它。

"嘿——这是我的乌托邦！"我听到他们对我说。

愿你找到自己守望的那片乌托邦。

# 河流像是一个倾听者

浙江省杭州市长河高级中学高一
华妍欣

家乡小城有一条溪,从城西绕圈似的经过城北,再由城东悄无声息地流走,去向我不知道的远方。年复一年,这条河流早已无声地陪伴县城的人们无数个轮回,日复一日不断涌进新鲜血液。它就像一个永远年轻的老者,细细倾听着每个人的故事。溪水来了又走,顺着河岸散步的人们不断在改变,不变的是,那潺潺的水声——它依然还在这里。

十多年前的一个凌晨,伴随着痛苦与喜悦,我来到这个世界上。幼时的记忆总是封存在脑海深处,费尽心思地想,记起的却是一片空白;

彼时又会不动声色地突然出现在眼前。也许是爸爸妈妈工作太忙，几个月大的我就被"寄养"在城西河边的外婆家。据说当时外婆最喜欢做的事情就是带着我到溪边转悠，从我还只能抱在手上到可以被牵着趔趔趄趄地走着，从懵懵懂懂的咿咿呀呀到似懂非懂地吐出几个字节，慢慢地，溪边的小道成了我幼时的乐园。当然，那时还长满很多杂草的溪边小道这些年来也被一再翻修。关于这段时期的记忆早已深深地埋藏在我记忆中，如今只有昔日的胡闹在腿上留下的疤痕，或通过几张陈旧照片和长辈的回忆来填补当年的影子和景象。我想，当时的我不谙世事，纯粹地沉浸在自己单纯的小世界里，眼里充满了对世界的好奇，也许这就是我和这条溪水缘分的开始吧。

随着年岁的增长，家搬到城北的我虽然没有了儿时与溪水的近距离，但每天上学仍有一段陪伴溪水的必经之路。清晨坐着摩托上学，放学和同学走路回家，六个春夏秋冬，穿过多少朝霞余晖，路过多少来往行人，领略过多少清风细水。不知有多少个早晨或傍晚，在路上出神地看着从眼前掠过的行人车辆，望着不远处的绿水青山，脑海里浮现的是零碎的记忆，也有对未来的憧憬。曾经欢声笑语洒满崭新的鹅卵石道，一颗颗黑色鹅卵石连成长长的线，我们也一步一步走向毕业，到了终究要说再见的时候。溪流见证着我的成长和离别，融进我们的泪水与不舍，告诉我们不管多久，水滴总会汇入大海。时间一帧帧流逝，我们年少时的喜怒哀乐也随着流水慢慢脱离稚气。

之后我便背着行囊离家到外地求学，回家更变成了一种奢求。回家的次数越少，再次面对小城时便多了一份新奇与陌生。好多新的店铺开张，街边的路灯都换了模样，那条溪的旁边也建了亭子，供散步的人们休息。每次假期回来都要去亭子里坐会儿，和朋友聊天。我喜欢看春天杨柳依依晓风拂面的柔软荡漾，我沉醉于夏日波光粼粼树影斑驳的明媚清爽，秋日雨水带来淙淙流水树叶飘零的简单质朴，我也念念不忘冬日暖阳轻柔溪水悄悄的寂静无声……在这里把心事轻轻诉说，希望这永不停息的流水能带走烦恼与忧愁，把对明天的祝福送到远方。

望着溪水时刻在流淌，永不停歇，仿佛没有尽头，我不知道它将流到何处，也不知道我的秘密会被带到哪里，我们未来会在哪个远方相遇，但我们可以像流水一样，勇敢地向前奔跑。

每一条河流都像是一个倾听者，聆听一个过客的心事，倾听一个小城的故事，只言片语在说出口之后都变成了回忆，美好的经历、欣赏过的风景最后都变成了曾经。我们无法改变过去，就像无法阻止流水的前进，只能站在岸边，让未来优雅地谢幕。时光的齿轮不会停止转动，溪流也不会停止流淌，岁月的歌汇入大海，我们的故事也还在继续。那潺潺的水声告诉我，它，依然会在，在过往守护我，在当下陪伴我，在未来祝福我。

（指导老师　张　婷）

# 站在河流记忆的边沿

浙江省杭州高级中学高一

孔涵闻

　　江南是水乡。按地理课上的答案套路,是"河流众多""水网密布"的地方。

　　虽然不像一些古镇那样有着"五步即一桥"的景色、傍水而居的生活,但杭州城里宽宽窄窄的河道也并不少。

　　钢板似的船,载着如山的沙砾慢吞吞地行着。偶尔,会有一束炊烟袅袅地从船舱某处升起来,像鲸喷出的水柱,借此表明它的一点生机。不同于这样滞笨的船,不同于西湖上堂皇的龙船,也不同于湖心点点的手摇船。大约是去年六月，我坐上一艘我所陌生的船，行在一条我所陌生的河道里。

这样的船称作水上巴士也许更合适。船舱里可以容纳十个人。船设计成古色古香的式样，但发动机的轰鸣声却提醒着人们它的现代化。船夫象征性地执着一支长篙，笑眯眯地看着我和父母上船，好像这就有了些《再别康桥》里的意境。船夫一路上絮絮地说话，说河的故事，也说桥的故事。

船经常要钻过桥洞，也就经常地带来片刻的幽寂和黑暗。船行至每一个站点，都有一面招展的仿古的旗在猎猎地响。走上来一些人，也下去一些人。有一位香港的旅人，很慢地说着拗口的普通话，似乎是刚生硬地同我们打完招呼，就又要生硬地同我们道别了，但他一字一顿的声音仍留在这里。也有一个孩子，从上船起就咯咯地笑着，大家也都望着他笑，在祥和的气氛里他们下了船，但笑声仍回荡着。兜了一个大圈子，船又驶回起点，船舱里只有我们三人。

时间是条长河，载着经历和记忆奔流。在黑暗中胆战心惊，重见天日后又继续前进。与不同的人相遇与分别，融入和离开各种环境，最后独自走完全程。但记忆都存在船舱里。

也有另一条河，这是一条我熟悉的河。它贯穿了我居住的小区，常年散发着时浓时淡的腥臭。几年前，河边竖起了五水共治的宣传牌，那样大的宣传牌，森然地立着，是很威严的。河水不惧怕威严，自顾自地不服治理。可尽管是这样的水质，也仍有老者坐在岸边垂钓，一坐就是一整天，一坐就养成了习惯。我现在渐渐明白，钓鱼的目的不在于鱼，而是看着时间与流水一同逝去。我的一位同学，有一次和我坐在岸边的一块大石头上，指点着对我说："我小时候有一次在这里玩水，还掉下去过。"语气颇有几分自豪。

前几日，小区在夏季来临前开始了清理淤泥的治理工作，河道里的水被抽得见了底，垂钓者、嬉水者，了无踪影。垂钓的老者似乎一瞬间变得步履蹒跚，嬉水的孩童仿佛一夜间长成了寡言的少年。他们放走了鱼也放走了时间；他们不会两次跌入同一条河流也不会两次经历同一段童年。但常沿着河岸走走，总有些能被笑着述说的记忆在闪光。

时间是条长河，载着记忆和经历奔流，永不复返。时光太瘦，指缝太宽，但记忆更丰腴些，跑得更慢些，伸一伸手，也许能将它捉住。

河流总是作为很多东西的喻体，比如"悲伤逆流成河"，又比如"历史的长河"；它也总是能勾起人的情思，李后主对逝水尤为伤怀，或是"自是人生长恨水长东"，或是"问君能有几多愁，恰似一江春水向东流"。其实不必对着河水发闲愁，因为河水是无意的，只不过它的流逝太容易让人想起时间。好在即使行路颠簸，也可保船舱无损；即使逝水滚滚，也总有些斑斓的石子沉积下来。

我喜欢鲁迅先生的《社戏》，不知每一次舟行水上的时候，他是否都会想起那群模糊了面目的伙伴呢？他可还记得那夜蚕豆的滋味呢？他是会想起的，他是会记得的。我们也是。

# "毛人"旧梦

北京师范大学附属中学高一

刘婧毅

"故乡的镇,故乡的河,故乡的旧事,故乡的人。"独自牵挂我曾经的珍爱之物。可是,那个我生活了六年未满且不复存在的地方,究竟算什么呢?

愿她是故乡,愿她是故乡。

多少年不肯回首,唯恐见那成片瓦砾山堆在那本应是栋栋小楼的地方。不愿见它的新面貌,只敢隔岸眺望,眺望那长长的,葱绿依旧的岛屿沉默地侧卧在湘江中央。我暗暗担忧,怀疑她是否已停止了呼吸。

故乡的事，不要忘、不要忘。我对自己一遍又一遍叮嘱。可就算这样，我也渐渐明白过来，荒谬的不是"大人的世界"，而是我已渐渐淡忘的，孩童时代无边的幻想与虚幻的梦。

"岛岸不断被江水侵蚀。政府来重修它。岛上的居民必须搬走。"母亲无奈地做又一遍解释。我抬头，不满地看着那时还很高大的她。泪眼汪汪地，我嚷，我不同意！母亲苦笑，好好，不同意，不同意。我怔在原地急得发抖。

素珍她怎么办？

尚未搬走的"她们"一定无处可去。

我主要担心素珍。不知从何岁起，小岛东面的树林深处建起了一栋两层楼高的小房子，搬进去了三位姑娘，都生得极俊秀。最大的那个叫素荷，性格温婉，亭亭玉立，最为柔美；最小的叫素莲，单纯善良，冰肌玉骨，秀色可餐——事实证明她确实秀色可餐。老二叫素珍，明眸皓齿，聪慧伶俐。这三姊妹无父无母，无牵无挂的，也不务农事，不出树林，每日嬉闹，银铃般的笑声时时可闻。有阵子传闻三姊妹家藏了无数金银财宝，可以几个世纪衣食无忧。

我还担心"毛人"外婆：传闻说晚上林子里会有毛人——用乡音读是"'毛银子'外婆"——就是一种浑身长满黄毛的野人——爱吃小孩子。晚上所有大人和小孩子都不敢进那林子，除了我。我倒是从来没恐惧它或者厌恶过它——我爱吃糖，她爱吃小孩，喜好不同而已，有什么不对的吗？曾有个来探亲的大婶（大约二十多岁，但我当时认定她是个大婶）听了我的话，一脸震惊地说："可你就是小孩啊……"我白了她一眼："就快不是了。在我变成大人之前是不会被她吃掉的……啧，你这都不知道？它怕打雷。"大婶听了吓跑了，被我"混乱的逻辑"。我双手叉腰轻蔑地看着她逃开。

其实我也担心那东南角的厉鬼，我相信它生前叫素荷：人们都说那人掉进河里淹死了，尸首给卷进了江底的沙坑，捞不上来。那人心存怨念,躲在那片水域诅咒着害她掉水里的人,所有人——在它眼里毛人大概也算人吧——把路过的戏水者拖入江底沙坑。对于她,我是一直叹息不已的。好端端一姑娘,怎么被毛人连累成了那副模样?我是最后一个知道她们的人。

外婆的版本是这样的:某年某月某日的傍晚,镇上来了几个异乡人——贩卖盐与姜的小贩,镇里人热情地接待,还问起岛外边的新鲜事。小贩们信口胡诌,镇民们都惊奇不已。作为交换,镇民们将三姐妹的故事——他们所知道的那部分——毫无保留地告诉了小贩。小贩听得昏昏欲睡,直到讲到金银财宝时,小贩来了兴趣,忙问那屋子在哪儿。村民们得意地告诉小贩,他们也不知道,但这便是那小屋的奇妙之处:进入小树林,想着三个姑娘的名字,恍惚之间就到了屋子门口。待到出来后,遇到岔路口,一直向一个方向拐弯就能离开树林。小贩将信将疑,但在金银财宝的诱惑下,他们背起盐和姜走进森林。森林的入口像个黑洞。茂密树林没了阳光的照耀比天空显得更加昏黑,左右晃着却没有声音,像是在慢慢摆手拒绝。小贩仍是向里闯,按村民教的办法,果真找到了小屋。屋里闪着微光。小贩小心翼翼地敲敲门,一会儿,门开了一条缝,一只猫眼一般的大眼睛向外瞧。小贩之一忙说:"姑娘啊,我们来这里卖东西的,天色已晚渡江难,能否借宿一宿?"门便开了,小贩惊喜。那姑娘将门打开,引他们进里间一大房间里,扭头低声道:"小心、小心。小妹葬在这里。"说罢便上了楼。那小贩三人早已看见那角落里有一大箱子,认定那是金银财宝。静候一会儿没听见声音,便扔下那盐与姜,挑起箱子便走。一路急急忙忙不敢稍作停顿。等到出了树林,小贩们忽然听见那巨箱中似有水声,便卸下箱子打开查看,这一开,愣住了:竟是满箱浑水里泡着个大东西。靠近一瞧,竟是只毛人——就是野人。那东西满头满脸卷曲的黄发,皮肤早已浮肿,同时诡异地打着褶儿。小贩惊叫一声扔下担子跑了。

第二日早上小贩们找村民怒骂不止,说那林子里的姑娘有问题,把他们安排在一个这样那样的房间里，房间的箱子里装着这样那样的可怕东西。但谁会信？小贩不记得在哪儿丢下的箱子。箱子和里边的东西早已不见踪影。村民不悦，认为小贩说的话不吉利，让小贩赶紧走人。小贩愤愤离开。村民们对此事也有了些忌讳，不再去找那小屋和三姑娘，也不再提三个姑娘的事。但故事终是流传了下来。

时光流逝，村庄走向消亡。到我六岁的时候，村里已没几个年轻人了。外婆在一个不眠夜给我讲故事。厉鬼的故事早已用作恐吓工具讲了无数次，我听得厌烦。在我的数次央求下，她想起三个姑娘和毛人外婆的故事。

我听得入迷："带我去找她们吧，外婆！"岛东边的树林还在，但比当年小了许多。外婆摇摇头，见不到了，她们走了。

当然，我还是趁人不注意探访那小树林无数次，均无果。等到离开的前一夜晚，我躺在外婆的木席上，遥望那黑色的、拒客的树林子。晚上外婆是不让进的——"当心'毛人'吃了你"。但我又不怕毛人外婆，我只怕我的外婆。而且再不进去是永远见不着那木屋和三姐妹了，便从席子上爬起来，趁没人看见溜进了林子。进林之后还是怕了，因为太静了，树木分明在摇晃，却没有发出声响，蝉声不再，飞鸟不鸣，我跌跌撞撞地走着，只闻自己拖拖沓沓的脚步声，全然忘记找屋子的办法。正当绝望得不知所措之时，一只冰凉的小手从后面抓住了我的手腕。我惊叫声还未发出，已被捂住了嘴。

我惊惧感稍减，扭头看竟是一位姑娘。她轻咬粉唇，拉一拉我便走。我顺从地跟了走，不一会儿便到一座小房子面前。房内是暗的。她开门轻推我进去，接着关好门，又拉我上楼。月光太昏暗了。我凑近，细细观察她的脸，然后笑了。错不了，这是素珍。

"你怕毛人外婆？"我笑问。

"嗯。她总化装成老太婆的样子，每到晚上就到林子里吃小姑娘。"素珍低下头快速说。

"怕什么？它怕打雷。"

素珍点点头。

"那你还怕？"

素珍又摇头："可认不出呢。它吃了我妹妹，连累了我姐姐。它最后被我们烫死了，但妹妹回不来了。"

我惊得说不出话。她叹息一声，给我讲述了她们的故事。

三姐妹原本无忧无虑地住在小屋子里，直到一天晚上来了个老婆婆。老太婆长得慈眉善目，三姐妹像得了亲外婆一般，吵着要跟外婆一起睡。那婆子笑，说要跟三个姑娘一起睡，并跟最干净的那个姑娘睡一个被窝。三个姑娘便去洗澡。素珍洗着，忽然觉得不对劲。她忙告诉素荷和素莲，怕这老太太是毛人变的，叫她们别洗太干净。素莲太单纯，面上点点头，心里却不信她二姐的话。她们开始洗澡。素荷和素珍将身上洗干净了又拿泥抹上，唯有莲小妹洗得白白净净。

后来老婆婆选择跟素莲睡，素珍和素荷无法子，就睡在旁边。半夜里，素珍蒙眬醒来，觉得脚下有些湿湿的，便问："外婆，为什么你们那边床是湿的呀？"那婆子答："哦哦，那是小妹子尿了床了……"素珍再把脚探过去，竟有一根温热的带状物体，便问："哎呀，外婆，你们那边怎么有根带子呀？"外婆答："哦哦，那是小妹妹的鞋带子啊……"素珍分明又闻见一股血腥味，心说糟了，妹子给吃了，便忙摇醒素荷，低声说了几句。素荷点点头，忙离开床铺悄悄上了楼。一会儿，楼上传来用脚不断踢床板的声音。那毛人外婆惊得跳起来，叫道："不好了，不好了，打雷啦，大妹子你快找个地方让我躲躲吧！"素珍赶忙爬起来，打开房间角落的一个大木箱子说："快躲进去吧，外婆！"那毛人慌忙钻进去，素珍飞快地关上箱门，上了锁。楼上的声音随之停止，素荷走下来。原来，这毛人天生是怕天打雷的，素珍叫素荷去踢床板模拟雷声，叫毛人慌不择路，才给锁了起来。素珍素荷急忙烧水，在箱子上打一个洞，将开水从洞里倒进去，一壶接一壶，那毛人外婆在箱子里踢打嘶吼哀嚎，终于渐渐没了声息。

两姐妹见毛人给烫死了，松了口气，想起小妹妹的死，不免又悲泣一阵。素珍考虑该拿这箱子怎么办，最后想了个宣扬家里有金银财宝的法子，故意让小偷给拿走。谁知那小偷竟出了森林就开了箱。素荷不放心，去看，从此再也没能回来。

我佩服得五体投地。再想想素荷的事。她会去哪呢？

我忽然惊得跳起来。

我跟素荷讲了那东河厉鬼的事，她，当然，哭了起来。我呆呆地看她哭泣，盯着她长长的、挂着泪水的睫毛，安慰的话竟是一句没说。过了一会儿，我说，我该走啦。你呢，你走不走？她抽泣着，摇摇头。

然后我就走了。准确地说，是被强行叫走的：外婆叫醒了木席子上的我。该出发啦，一个不知从哪里来的陌生男人说。妈妈给我穿上裙子梳好头，牵着我走。我走了，我说。陌生人笑，问我在跟谁说话。

我才不理他。他哪里知道我在担心什么。哎，我的心事岂是区区大人能懂的？

那个陌生人，后来我知道，是我爸爸。

我的幻想是否足够荒谬？

可我几年前才终于相信，那只是个梦。

终于屈服，终于低下头：这一切，只是个梦罢了。

（指导老师　吴学宁）

# 站在河流记忆的边沿

上海市第四中学高一
郭博航

他触摸过这条河流两边的每一寸土地，从上游至下游；他清晰地记得这河边的每一段景，从春芽到秋叶。令他最清楚记得的，是黝黑皮肤的老厂长那摆动的手，以及河边斑驳的锈迹和荒芜的原野。

红瓦顶的平房，距河口百十里。那个云蒸霞蔚的下午，他汗流浃背，兴冲冲地对着妻子喊："老婆子！你看我拎来了什么！"手里，是亮得发光的发动机，这花了他大半年的积蓄。他也终不用摇笨拙的橹远行了。

这是他对这段河流记忆的开始。青青芦苇顺着风,温柔地倒伏。茎下的棕土间,泥鳅鼓起鳃,宣告夜幕的来到。

从那个下午开始,非休渔期,便长驱至海边,撒下巨大的网。那是他们那河边人从未见过的,好像会将星河都收揽。

那是他第一次出海。望着辽远无边的海平面,此起彼伏的波浪,掠过老旧的船沿,远处的巨轮冒着股股蒸汽驶向远方,他的心也随着蒸汽的远去而走远。他常常在海面上,一停就是三四天,星河不断变换位置,他觉得这是他最享受的时光,纵使捕上再多的鱼也不能比。他走出了从小困着他的村庄,他觉得远方才是他的归宿,他要追逐星河!

可是有一年五月,他信步在河边走,突然觉得河面是那样的低平,比河沿低了一截。最重要的是,芦苇的青翠不见了。一个月后,休渔期到来,他只能在河中捕些小鲫鱼苗子。可是自从头天的大丰收,再什么都没有,网晒在河边开裂了。

可他不着急,深秋撒下的巨网,自是可以使自己富足一整年。他就这样,沾着发动机带来的喜,他成了村里为数不多的小康之家。

有一年,大约三四年后的一年,他秋冬什么都没捕获,来年春天亦如是,河面也飘着令人作呕的腥臭味。他一开始不晓得为什么,后来才醒悟过来,是前几年建的化工厂所为。

可他只有从小耳濡目染的技艺,别的什么也不会。他无可奈何,先后弃掉自家两亩菜田,又变卖所有电器,所有鸡鸭。就连他的妻子也要离开他,因为他只剩一间茅草屋了。

如钩的月亮,瑟瑟的风,一阵寒噤。他向上游开去,因为他知道,四百里外有道急旋,踏上它,便可忘记一切烦恼。

第二天,他划过一个大都市。他至今仍清楚地记得城市河整齐的堤岸,记得沿河的汽车工厂边,晨练的老厂长的手。

"小伙子,你要去往何方呀?"老厂长憨厚地问道。

"河里没鱼了,海岸也是,可是我……可是我什么都不会。"

"没关系，来我的厂子里吧，你那么聪明，啥学不会？"

就是这么短短的三句话，他第一次踏进了大城市，踏进了工厂大门。他勤勉、能吃苦的特点充分地体现了出来。别的人迟到早退，他从不懈怠；别的人偷懒耍滑，他勤勤恳恳。他天资的聪颖也使他更进一步，不过来年，他就当上了车间经理。又过了不到六七年，他就脱离劳动部门，跻身工厂管理层了。

老厂长突发车祸，在病榻前，临终握着他的手说，我果然没看错，这厂子就靠你了。

日复一日，年复一年，工厂在发展，不断向河中排放废物，下游的污染也越来越严重。可是不知怎么的，或许是他能预知未来，或许是回忆起枯败的芦苇和消失的鱼，他不顾其他人的反对，不惜一切代价，在政府下令之前就使工厂减排。后来，它幸存了下来，仍污染着的，被迫关闭。

他三十岁，而立之年，风华正茂，进入厂子。二十三年后，他觉得差不多了，在众人的挥手送别之下，离开了厂子。

他又重新踏在了二十三年未曾谋面的乡土与河流边。

他站在河边。身后，是那破败的茅草屋，昔日翠绿的菜园早已荒草丛生，崭新的鸡笼也已锈迹斑斑。他向河上眺望，仿佛间，有个精壮的少年，赤膊在炎日下，抬起鱼叉，叉起复苏的鱼儿。他晃了晃头，发现这竟是真的。他在那黝黑的皮肤、紧致的肌理之中看见了自己，看见了三十年前那个出海逐浪的少年。

往昔岁月在脑海中翻涌，他觉得第一次站在了河流记忆的边沿，身后，回首，是漫漫的长河。

一支河流的兴衰，影响着河流沿岸的居民，使他们穷困或富庶，影响着一代又一代的人。最终，在河流变迁的经历中，人们终凭着信仰，不断破浪前行，一代又一代，向着终将美好的远方驶去。

# 乡 味

北京师范大学附属中学高二

王泽普

一

我很早就来到了北京生活。对于故乡兰州，我只知道牛肉面很好吃，然后，就没了。再加上北京都是高楼大厦，与故乡没有一点点相似之处，而故乡在北京唯一的印记，还是一家家不正宗的牛肉面店。所以我对故乡兰州只有一个朦胧的记忆。

但即使面不正宗，父亲也总是带着我，一家店一家店地品尝。在我眼里，那些面条平平淡淡，毫无特色。所以我特别奇怪父亲的神情，总是从期待再到失望，又到找到新一家店时新的期待。我总是在想，父亲为何会这样？

## 二

记得有一次学校组织同学去故宫参观。望着高低起伏的宫墙，与奢华的庙堂，周围的同学操着北京话，夸这夸那，言语中充满着北京人特有的优越感。我发现无论在北京待多久，我终究是一个外来者，而想起自己的故乡，却也说不出一二，我不禁茫然。

午饭，来到了一家北京餐厅，第一次尝了北京人的特色小吃豆汁。同学们都一饮而下，闭上眼睛，在享受食物的浓醇。而当豆汁刚触碰到我的舌尖，一股酸苦、干涩的感觉侵袭到了我的全身，我不由自主地干呕了一下，把豆汁吐了出来。顷刻间，我发现周围的同学都停止了吃饭，用一种怪异的眼光瞪着我。"第一次吃，第一次吃。"我只得尴尬地笑了笑。

## 三

"儿子，那里开了一家特别正宗的牛肉面馆，快走！"父亲拉着我，面带笑容。

一进店铺，扑鼻而来的，是一种别样的味道。"久违了。"父亲感叹道。店内吵吵嚷嚷，尤为特别的是一位老人，他说着正宗的兰州话，冲着伙计嚷嚷："二细，把子大些（面多些）。"伙计也乐了，心领神会："您兰州哪儿的？"君是故乡人，应知故乡事。两人聊起了兰州近些年的许多变化，哈哈大笑。我第一次体会到异地见同乡的亲切感，也第一次体会到故乡是有多么伟大而神奇的力量啊！

此时，我才第一次产生一种冲动，一种拥抱故乡的冲动。

## 四

冯骥才在散文《乡魂》中用"来故乡"来描述自己再次回到故乡宁波，是因为他已经与故乡产生了陌生感与隔膜。我何尝又不是这样呢？

半年以前，因机缘巧合，我来到了故乡。

上次吃正宗的牛肉面，还是在小时候。我也很想证实一下，北京那新开的牛肉面馆，是不是像故乡的一样正宗。想到这儿，我不由得加快了脚步。

冲进牛肉面馆，又是那独特的味道。要了一大碗面，加了几两牛肉。清澈的牛肉汤，雪白的萝卜片，深红的辣椒油，加上碧绿的葱花香菜，即使碗上还飘着热气，也恨不得立马把整碗面吞下，吃完面再喝口浓香的汤，虽大汗淋漓，却唇齿留香，回味无穷。

吃饭后走到黄河边散步，听着河水拍打岸边的声音，气势磅礴。兰州是唯一一个黄河穿城而过的城市。黄河边是故乡人茶余饭后散步遛弯的最佳去处，也是外地人来旅游的必看景点。河边锻炼谈话的老人，悠闲自在，自得其乐。从他们的眼中，我也读出了跟北京人看故宫一样的优越与自豪感。我不禁对养育我们的黄河母亲充满了敬意。

茶余饭后，来一碗灰豆子，也是兰州人的习俗。灰豆子，跟豆汁一样，也是当地的特色小吃，虽卖相不好，但在我们口中却是美味。在小店中，听见几个外地人对它指指点点，甚至露出一副恶心的表情，心中的怒火油然而生，不由得狠狠地瞪了他们几眼。

虽然离开了故乡这么久，但这次回来发现，原来眼里的故乡并不那么遥远，或许它早在我出生之前就已悄然走进我的心中，与我融为一体了。或许，这次的故乡之行，还是用"回"更为贴切吧！

## 五

回京后，我也经常去那家牛肉面馆，也经常遇到像那位老人一样长期漂泊在外的故乡人，也不知道这乡味，滋补了多少游子那饱经风霜的心灵，或是惊艳了多少欲说还休的时光啊！虽未曾谋面，但给我的感觉是那样的亲切，似乎我与他们已经认识了许多年。故乡的全部在此时仿佛是一种味道，萦绕在离散各地的游子的心间，让我们从未分开。我在想，是什么能让我与他们，那黄河哺育的人们相连，是血脉吗？不是。是环境吗？不准确。

也许这就是故乡的魅力，如同一缕红线，将人们紧紧吸引，让他们对故乡永生难忘吧。

（指导老师　邓　虹　董雪梅）

# 大雁已南飞

上海市少云中学高二
黄喜璇

> 那天，你离开，我们谁都没有说话，只是默默地注视着对方。望着你离去的背影，我哭了。我不想你走，但我们心里都明白，我们只是用自己的方式努力活下去。
>
> ——题记

## 不咬不相识

说起我们的相识还真是充满戏剧性呢！

那一年我六岁，你也六岁。刚刚踏入小学的我们懵懂、纯真。但也会为一些小事争吵。

还记得那天，你拿了我的橡皮，我很生气，就说"拿我东西的人是小狗"，没想到你就真的在我裸露的手臂上咬了一口。被老师叫来的家长们因为我们这点小事而弄得哭笑不得。

从此，我与你结下了"仇"。羁绊就此开始。

## 哈哈，你真丑

很快，我与你在那件事后迅速成了形影不离的朋友，变得无话不谈。一起吃饭，一起做作业，一起回家。

那时，我与你住在两幢相邻的大楼，串门十分方便。我还记得小区里的公园就是我们的天堂，每天晚上做完作业，我与你相约一起去小公园。

夏日的夜晚宁静又舒适，四处都是蝉鸣，如果运气好，或许还可以看到萤火虫。小公园里有河，每个夏夜都能看到有两个小孩在河边捞鱼、捞虾。我拿着手电筒，你捞鱼虾，几个小时的辛苦让我们的小桶里收获颇多。虽然我们也会大汗淋漓，但乐此不疲。那时的我们总是狼狈不堪，汗不停地往下流，脏手便会去擦，我们的脸永远像花脸一样。这时，我们会指着彼此然后哈哈大笑，对对方说："哈哈，你真丑。"

那年，你九岁，我也九岁。

## 我们真的同病相怜

每年暑假，我们都是在河边捞鱼虾中度过的，自在、快乐。只是那时我们还小，什么也不懂，天真地以为这样的生活可以永远地继续下去。

只是，生活告诉我不可能。

很快，四年级的暑假，你的脸上不再出现笑容，不论我如何逗你，你都闷闷不乐。

也对，你的生活除了上课，还是上课，没有时间再让你玩耍了。然而这些不是你想要的，那只是你父母的一厢情愿。可你当时还只是个孩子啊，玩可是你的天性！

每当我来找你玩时，你总是在苦思冥想地做题，不知是真的苦思，还是假的冥想。看着你坐在书桌前的背影，我觉得越来越模糊。无形的距离越来越大，这可能注定你要远走高飞，离开的吧。

有时，我真的很讨厌你妈妈的严厉，真的，就因为她的严厉断送了我美好的时光。很快，我也开始像你一样四处奔波了。慢慢地，我变得麻木了。我们到底为什么不停地上课，拼着命不输在所谓的起跑线上？我不想拼，你也不想。但为什么我们还是逃离不了这残酷的比赛？我也终于明白，笑是那么来之不易啊！

常常在去补课或回来路上遇到的我们会相视一笑，对对方说："我们同病相怜啊！"最后，转身离开，形同陌路。

那一年，我十一岁，你也十一岁。

## 我们都要好好的

后来，我们进了同一所学校，只是不同班。但关系已不像儿时在河边捞鱼后放肆地指着对方说"哈哈你真丑"的地步了。

偶尔在走廊里碰见，也只是打个招呼、点个头。你有你的朋友，我也有我的朋友。我和你已是相离的两个圆，再无交集。我和你的距离就像天蓝与海蓝一样，是不能相连的蓝。

但我们曾经是旧友。

那天，天空有些灰暗，我接到了你的电话，也许是很久没和你说话，有些意外。"怎么了？"我问你，电话那端的你沉默良久。我只是耐心等待，我知道你一定有重要的事，否则是不会主动打电话给我的。

"我要离开了。""什么？""我要离开了，我要走了，霰。""为什么……你那么想走？""我不想。""那为什么……""有时候很多事由不得我。我不想，也没有选择的权利，我唯有服从。"我沉默良久，既然改变不了什么，那就只有祝福了吧。"什么时候？""后天早。""好，我会送你。""嗯，再见。"挂了电话，眼泪忍不住流下，有悲伤，也有快乐。其实我明白你在努力留下，而我在努力离开。可命运真是讽刺，似乎开了玩笑，不想离开的，走了，想离开的，却硬生生地被留下了。

我不能说什么，因为无论说什么你都会离开。

那天，送走了你，独自走在路上徘徊了很久。看着来来往往的人，自己只是其中一个，匆忙地赶着什么，却不知道为了什么。我们就像傀儡，最后也会以傀儡的身份离开这个世界吗？

其实我们都希望对方幸福，只是没想到我们最终还是会败给命运。

我没有办法，你也没有。但即使我们没有办法摆脱命运，也一样要好好活下去！

再见！鹃。我最后以朋友的身份祝福你：像大雁一样飞翔吧，飞得更高更远！

（指导老师　凌　丽）

# 树

江西省丰城中学高二 / 白芊洲

我住在山里。

山里最不缺的就是树，我恰好也是一棵树。

但我不同于其他的树，因为我是一棵四百年的老榕树。

作为一棵榕树，尤其是一棵老榕树，常被人认为向我许愿是很灵验的，所以我身上在所难免地被挂上了许愿的红条、铃铛。只要有风，不管是柔软的春风还是强硬的北风，都能让红条扬起，让铃铛丁零作响。这时候许多小孩子过来，绕着我跑，边跑边说："树爷爷显灵了！"每次看到这些年轻的面孔我就开心，不管多累我都会朝他们招手。

　　对于他们所许的愿，我是无能为力的。愿望反映的是内心渴望而又不能得到的东西。人们想要做官，想要富贵，求之不得，寄希望于我。但我无论如何是做不了什么的，我能做的还不如他们能做得多。人还有两条腿，可以四处奔走；有一双手，能创造出希望。我只能在起风的时候摇摇树枝，有游人时做一道风景——风景只是用来看的，什么也做不了。我还有一些感觉，能听见风，听见铃铛响，听见孩子们的欢笑；然而这感觉也是没用处的，它只会使我胡思乱想。

　　要使我一直处于胡思乱想的状态很难，因为经常有些事情打扰我。

　　清晨鸣叫的鸟儿，这时它们的声音是最有活力的，包含了遇见第一缕阳光的喜悦。然后山就活啦。家畜的喝水声，小孩的哭闹声，锄头锄响第一块地的声音……全部都交织在一起，将沉睡的山林唤醒。山林是很高兴被唤醒的，和我一样，这山也是个不喜欢孤独的老头子，喜欢很多人在一起热闹。

　　上山采药的人踏着早晨的雾气出门了，经过我时他停顿一下，喃喃向我诉说些什么，然后继续朝前走。我年轻时会希望他采得越多越好，也担心他把山上的药草都采光了。可几百年过去了，山还是那座山，我还是我，依然有采药人上山采药，也总能采得草药回家，我也再没有希望或担心过。土地总是在这里不变的，树的根也总扎在土里不变的，太阳落了又上去，人走了又来了，几百年过去了，树也还是在的。

　　晌午的时候，炊烟升起来了。人们劳累一上午要休息了。饭肯定是要端了到外面吃的，山里人围坐在一起，谈农时，谈收成。通常都是聚集在我脚下，天南海北地聊。人们聊起来是不知道时间的，于是就有人坐在树荫的边上，日头一斜，树荫一歪，太阳就照到了他头上，大家就知道时间过去了，又得干活了。

　　我脚下的阴凉越扩越大，我的枝条垂到地上又变成根，我最大的孩子也两百多岁了。他们正在经历的我都经历过，但我不会告诉他们，规律和道理是要自己悟出来的，现在悟不出来也没关系，他们的时间还长，可以慢慢悟。我刚发芽的时候，对太阳的升起都惊叹不已，看见太阳落下也会垂头丧气，小鸟和蚂蚁都能吸引我的注意。第一只鸟巢在我身上筑成时，我高兴坏了，同时也感到一种责任，要为鸟儿遮风挡雨的责任。从此我的树枝伸得更高，树叶开得更密。然后山里的娃娃就来了，先是爬上树看鸟宝宝，后来在山里摘来果子喂鸟宝宝吃，再后来就在我的枝丫里睡觉，天黑了才走，山里的孩子从来都不怕从树上跌下去。后来我见惯了这一切，明白了一日一日的轮回就在这太阳的升降，小鸟和人们的来去也是；明白相见与离别一样，都是要遇上的，不足为之喜，不足为之哀。

　　这一天，县政府的人来了，说要修一条山路。山里人很开心，终于不用再过与世隔绝的日子了。唯一的难处是要砍许多树，辟出一条道来。我恰好在这山路上，是修路最大的障碍。山里人请求县政府的人另外辟道，说我是古树，怕砍了会遭神谴责的。县政府的人瞧不起山里人，把头抬得要到天上去，斜着眼睛看着山里人，说："这是专家给你们挑的道，你们还挑三拣四的。"山里人被盯得发毛，本来因劳作而累弯的腰更弯了，因日光照射而晒黑的脸更黑了。他们再不敢提换道的事。

　　我虽知道万物皆有大限，可没想到我的这一天到来得这么快。我竟不是死于虫蛀，而是锯子之下。大敌来临的时候人类是可以逃跑的，可是树不行，树是世袭的土著，任何一场战役中都没有听过哪怕一棵树逃跑。树从来都是安静地面对，也只能安静地面对，树的痛苦是什么都不能做。树从不逃跑，从不屈服。想到这里我有些骄傲了，"逃跑""屈服"是弱者做的事，树是强者，站在土地里的强者。

　　开锯的前一天，刮了一阵大风。风吹动我的枝条，枝条上的铃铛丁零作响，红条飘飞，仿佛为我饯行。山里人都说神显灵了，这树死后会在天帝的花园里。然而县里人是不理会这些的，他们不信神鬼，只把响当当的官职和金光闪闪的金钱奉为王道。

我终究是死在了刀斧下,先被砍去枝条,再被锯了主干,连根也被挖出来——粗壮的装上了卡车,细嫩的留在了土里。

　　几个月后,柏油沥青路铺好,履带车压过,把我的几千条断根闷死在这柏油沥青路下。

(指导老师　徐平娟)

| 被爱 | 李之晗 |
| 书卷留香似故人 | 陶　灿 |
| 似是惊鸿照影来 | 吴　熹 |
| 小幸运 | 彭隽雯 |
| 学习鲁迅先生的理由 | 陈承启 |
| 新西兰的冬 | 张雨莅 |
| 雨滴落下的青春 | 谢　畅 |
| 高考之外 | 侯明宣 |

## 雨季里的青春

# 被 爱

江苏省无锡市辅仁高级中学高二
李之晗

我注定是要永远活在回忆里了。

早晨五点多时从梦中惊醒,醒来只觉得心里好空,似乎方才梦中出现了谁,而现在又是被无尽的黑暗和孤独包围着。

昨晚,梦见了老师。我记得她说过:"你总要长大,不要总想着小学的事。"

可是,忘不掉,便会想。

于是一个上午都心不在焉,细算也有一年没见她了。中午,所有人都去食堂了，剩我一人在偌大的教室里。倚着墙，寒意透过厚重的衣服袭入骨子里。随手拿起一本书翻着，几行字映入眸中："我只想回到，这个对自己是那样熟悉和那样亲切的环境里，在和自己极为相似的人群里停留下来，才能够安心地去生活，安心地去爱与被爱。"

被爱……

班主任恰巧经过，见我一人在教室，走到我身边，问道："怎么没去吃饭？"我胡乱找了借口说牙疼，她听后言道："那你在教室看看书吧。"随后转身离去，留给我窈窕的背影。那一刻，我怔住，记忆中的景象与眼前之景一点点重合，刚想开口唤一声老师，又猛然意识到，这不是她，只是背影有些相似罢了。我闭上眼，不敢回忆过去的一切，害怕从回忆中醒来会比现在失落千万倍。

以前最难熬的就是中午，她总叫我多吃饭，起初跟我讲道理，我就是不肯吃。一日她站在我身边，我仍是不肯动一下。

"你到底吃不吃？"她启唇，语气很强硬。

"就不。"

之后陷入沉默中。僵持了很久，明显感觉到气氛不对，她终于发话："自己不吃那我喂你。"话毕，真的拿起勺子。我几乎每天都是这样被她逼着，心里总怨着她。我曾以生病没胃口为由不吃饭，她听罢，抱住我的肩，柔声道："多少吃一点吧，下午还要上课的。"我抬眼，正对她盈盈的双眸。她抬手将我两鬓的碎发捋到耳后，有阳光透进来。

而今再没哪个老师会像她一样逼我吃饭，一阵窃喜后剩下的只有无尽伤感，突然明白什么叫作被爱。

毕业后，因为小学和初中只隔着操场，所以也数不清多少次去小学找她。她总是很忙，而对我来说，仅是偷偷伏在教室门前听听她讲课的声音就足矣。

一日去找她，她正好在办公室，见到我后，张开双臂，我亦扑上前去环抱住她的腰。

"今天怎么有空来?"她轻轻一笑,继而宠溺地看着我。

"体育课没事就过来了。"

她握住我的手,柳眉微蹙:"手怎么这么凉?不要因为爱漂亮,衣服都少穿,身体要紧。"我含着笑点头,倚在她怀中,她的体温逐渐向我传来,满世界都是她的气息,只觉得心里好暖。好想让时间停留在这一刻。

此时预备铃响了。她轻拍着我的背,道:"我要去上课了,下次再陪你好不好?"听了这话我死死地抱住她,在她怀里蹭了两下,带着哭腔道:"不要——"

"不闹了,我送你回去。"她搂着我,向操场走去,我只能故意走得慢些,只为和她多待会儿。

"老师……"我轻唤,她听出我哽咽了,随即停下:"怎么哭了?发生什么事了,跟老师说说。"我摇了摇头,不肯告诉她我哭只是因为舍不得她。我伏在她肩上,她亦环住我的腰。"是不是有人欺负你了?"我抽噎着说没有,听见她温柔似水的声音却哭得更厉害,她略有些无奈地揉着我的头发,让我平静下来。

"我希望这辈子都是你教。"

眸中破碎的晶莹悉数落在她衣服上。她伸手抹去我止不住的泪水,把我抱得更紧:"你总是要长大的啊。"我只是一个劲地哭,她叹了口气,道:"女孩子总是哭以后容易长皱纹的。都多大的人了,还和小学的时候一样总也长不大,不怕别人看见笑你啊。"

我早把她的衣服哭湿一大片,知道自己耽误了她不少时间:"你回去给他们上课吧。"她还是顿了几秒,随后抚着我的脸道:"那我回去了。听话,不哭了。"我点点头,抱着她的双手松开了,朦胧中看着她的背影消失在转角。

不知从何时起,我竟连留住她的理由都没有。

她总说我爱哭,但她不知道的是,我在别人面前,总把自己伪装得坚强,只有在她面前才会展现出自己最柔弱的样子,卸下那些压得让人喘不过气的伪装。

　　我希望她是我一人的老师，可她属于大家。看她一遍又一遍地给学生讲题目，完全无视我的存在。我在一旁醋意满满："你要他们不要我了。"她伸手在我脸上狠掐一下，笑道："死丫头，哪有不要你。老师一直把你当女儿的。"

　　我想要的是她对我一个人的温柔，想永远做她眼中的孩子，哭的时候有她抱着给我依靠，任性时总被哄着还不被怪罪，故意犯错在她佯装生气要罚我时跟她撒娇……

　　放学路过校门口，无数家长堵在那里，我仍是可以一眼找到她：依旧是那样的身段，那样的雅韵。她身后跟着一群比她矮一大截的学生。微风吹起她的发丝和裙摆，划出优美的弧度。她慈爱地看着她身后的学生，恰如当年看着我们的眼神。

　　总有人，会代替我。她有这么多学生，但我只有她一个老师。或许再过几年，她会忘记我。

　　我从来都算不上优秀，甚至连自己都不知道除了会黏人惹事任性无理外还会做什么。

　　高一时，去看她，只觉得她憔悴了许多，可能是许久未见的缘故。天色渐暗，她怕我自己回去不安全，要送我。在车上，我望向窗外，霓虹灯绚烂夺目，亮得有些晃眼。

　　"现在语文学得怎么样？"

　　"期中考试和中考我语文都是年级第一啊！表扬我！"我转过头看着她。

　　她笑了："还不是你小学的时候我教得好。"

　　正巧碰上红灯，她停下："最近过得怎么样？"

　　我一时说不出话来，心中有些酸涩："挺好的，在学校牛奶一个月都能喝两箱。"

　　或许，我已经失去了最后一个我可以什么烦心事都可以倾诉的长辈。

她愣了几秒,随后我脸上又不轻不重地被她捏了一下,听见她轻声骂了一句死丫头。我一脸茫然地看着她,目光相交。"是不是又没好好吃饭?"她的语气,似是平淡。

　　为这句话,我红了眼眶。只有她知道,我不吃饭的时候才会喝牛奶。

　　思绪被拉回现实,我终究还是沉浸在这甜美的忧伤中了。2010年,我们初见,她成了我的班主任,在这七年里,她总在我身边,抑或是在心间陪着我。一直想给她好好写篇文章,只是怕,我写不尽她的气韵风华,诉不尽我们的故事。

　　她的眉,她的眼,她的裙摆随风摇。

　　她的神,她的韵,她的笑靥如花绽。

# 书卷留香似故人

安徽省安庆市第一中学高二 陶 灿

有一种气息在记忆深处，如睡前妈妈的催眠曲般轻柔，似梦中独角兽和公主般美好，像雨后彩虹渲染天空般缤纷绚烂。那就是书卷的气息。

阅读时要"眼、手、脑"三者并用，这是小学老师曾反复强调的，而我偏爱用嗅觉去感受诗文、书本和纸张独特的魅力。

儿时读过的绘本虽早已记不清内容，但那样的气息不会遗忘。有时看着便趴在书上睡着了，幼小而灵敏的鼻子亲密接触着新鲜油墨的香味和纸张的清香，一次又一次做着甜甜的梦，醒来时小脸蛋上也残存着香味。那是童年的味道，由绘本构成的小小世界……

想到这里，不如起身，在旧书柜中找寻久违的"故人"。

一本《阁楼上的光》静静地睡在那里，掸掸它身上的灰尘，细小的纤维在光线下起舞，书的白色封面已经泛黄，轻轻打开，熟悉的画面、熟悉的味道扑面而来。记忆渐渐清晰，"啊，原来是这样的"，心中涌起对过往的回忆，再次伏案细嗅时，便夹杂着时间赋予书页的厚重味道。或许对书来说，都是历久方能弥香的吧。

再找找呢，是曾经催人泪下的《爱心树》哩。一棵苹果树为一个男孩奉献它的全部，男孩想要什么，苹果树就给他什么，直到树和男孩都老了，老树只剩下矮矮的树墩，男孩也拄了拐杖。最后一页的画面令人心酸又不胜温馨，老树说："我再也不能给你什么了，幸好我还有树墩，你要是累了，就坐上来歇会儿吧。"老人拄着拐杖慢慢坐到树墩上，叹着气。"大树很快乐……"书页皱皱的，那是敏感的心初次被感化的证明……

刚刚响起下课的铃声，教室里十一二岁的孩子们又开始叽叽喳喳地讨论昨晚看的小说了，我也曾是他们中的一员。班上各种"俱乐部"如雨后春笋般冒出，"哈利·波特俱乐部""猫武士俱乐部"等。因为流行这些魔幻小说，我每天回家的第一件事就是捧起书，下课的第一件事也是讨论书，生怕自己没赶上大家的进度而失去共同话题。当时的我们只是单纯表达对书的喜爱，书中离奇跌宕的情节惊心动魄，好像一部部好莱坞大片，它的背景音乐就是书页散发出的紧张气味，也是很遥远的记忆了。粗糙的纸张，类似小麦的味道，却总让人垂涎欲滴，看得津津有味。呼吸缓急随情节变化，空气中弥漫的书本气息也变化万千，忽而抬头，竟已是深夜。

不知何时起，或许是刚上初中，第一次接触那种奇异、具有诱惑力、却似毒品的味道，是被少女们"钟爱"的味道。常常听到女孩们兴奋而小心翼翼地讨论地摊上五元钱一本的言情小说，以及她们是如何躲避家长搜查的。我也不可避免地翻看了几页，华而不实的封面、土黄色的书页散发着色素糖果的香味，读完却有种负罪感，便也不再多读，只是记忆没有营养的甜味也不曾忘却。不论好坏，感受一次就够了吧，嗅觉不会忘记一切的。

越长大越喜爱散文，流连于各式各样优美的文字无法自拔。既爱美景四溢的《春》，也爱饱含真情的《背影》，更少不了一词一句间都透着禅意，能净化心灵使其宁静如水的林清玄的散文。它们不是满溢花香，就是有阳光般的温暖，还有"细嗅蔷薇"后精神上的升华。这些书的封面无不是素雅的，书页的味道淡淡的，仿佛进入原始森林深处徜徉，闻来有精神上的愉悦和欢喜。

有人说，纸张的味道能代表书内容的好坏，刺鼻的纸张往往会有令人唾弃的文字，我也从某种程度上认同这一点。纸张的味道是物质的，其给予人心灵上的影响却是精神的，我爱将物质与精神结合，用味道和感受连接它们，有了自己独特的记忆方法。或许自己的大脑里有一片气味的海洋，海底有无数个尘封的宝藏，每一个里面都是"故人"的气息，是书籍留下的满卷墨香呢。

四季轮回，恰同学少年，转眼到了挥斥方遒、激扬文字的年龄。告别懵懂与青涩，却也没能尝尽人间百味，这是最好的高中时代，活在当下，这是年轻人风华正茂的时代。且看教室里，课间十分钟翻看《环球时报》的男生早已习惯了手上留下的浓重油墨味；沉浸题海奋笔疾书的女生或许偏好那种纸质柔软、味道清新的试卷吧，总有写下去的无穷动力；但也不能少了分秒必争看乐谱、看画册的艺考生们，因为有他们，高中的学习生活充满了颜料的香味和音符的沁人心脾……

云中谁寄锦书来？是遥远的记忆深处，一种被玻璃瓶精心装起、安放好的香味，或许很多很多年以后，会在某个地方忽然被唤醒："好熟悉的味道，真像我曾经读过的一本书呢！"

又或是，一个老朋友吧。

（指导老师　童县城）

# 似是惊鸿照影来

上海市复旦中学高一

吴 熹

每一个不曾起舞的日子,都是对生命的辜负。

——题记

时光流转。

正午。

捧两本习题册,跟挚友一前一后,腰杆挺直,缓步朝外走得端正,班主任的目光匆匆扫过又移开。心下窃喜,只绷紧了脸走出了教室。

飞快地切换了角色，将册子随意一拿，迅速而轻快地往楼下冲。阳光一下子落在我们身上，眯着眼继续跑几步，熟练地招招手，蹿上领操台，也不顾积着一层薄灰，直接坐了下来。

偌大的操场，草坪显露出黄绿色，太阳一动不动地高悬着，红色的跑道更灼眼了。

笑声、说话声，细碎地钻入耳中。脑袋倚在栏杆上，舒展开缩在厚重棉衣里的身躯，合上眼，一片金黄色。

没有花叶，没有鸟鸣，连一丝风也没有，正午的冬凝滞着，缓缓舒口气，惬意地懒懒欲睡。

铃声响起，伴着老师的催促声。一个激灵，一群人熟练地收了东西便向上冲，来不及收起的是绵绵笑意。

火红的春霞，醉人的温暖，樱花开满一角。沿着跑道又一圈圈地走着，一行人，或挽着手，或并着肩，笑笑闹闹。

风来，柔柔拂落片片淡粉，朦胧间遮断了暮色。

南风斜织着什么，一夜雨声里，沉沉睡去。

当细密的雨丝开始借着惊雷，在大地上坠出了片片雨点，日子像是长了，空气中有热意弥散。

蝉在枝头不知疲惫，云朵变幻，微凉的风吹不散那黏滞的气息，却也能带来几分舒心。

人生像是不曾显得短暂，青春与终点像是隔了漫漫、漫漫的路啊，却总在一天天、一天天中流淌，谁也抓不住过去，探不见未来。

我们奔跑、追逐，我们恣意挥霍着艳阳。终于玩得倦了，扶着球场旁的水池，打开水龙头洗把脸。喘着气，又眼尖地瞥到奔来的几人，吵嚷着。水声哗哗，不怀好意的水珠，似是无心，朝旁人的衣衫上扑去。

坐在阴凉里，仍有摇动的光影透过枝叶落下。额边的发濡湿，依稀看着眼睫上有水光闪动。挤眉弄眼着，几人吃吃地笑，眼神飘忽着，却像有分外明显的默契，总悄悄落在同一处，她一脸茫然，不自在而狐疑着理理头发，指尖拈着几根草。众人忙别过脸，咳嗽着压抑笑声，选择性地无视那带着羞恼的眼神。

像多少个日子里一样，远处的足球草坪上总有人影跑动。嬉笑着，在斑驳摇曳的光下，我们又是闹成一团。

匆匆地、沉稳地，落叶的声音来了。雨不停地下，红的黄的铺散着，厚厚软软的一层。

清清净净的，周遭浸着甜香。后知后觉地，注意到叶片间簇簇的小黄花，缀满了整个秋。

挡不住流年匆忙，时光流转，有花开花落，风云聚散。

纵然稍纵即逝，同样流光溢彩。

莫要辜负了它啊——心底有声音这样说着。

极力跃起，奔跑，追逐，伸长了手臂，舒展开身体，体会每一日轮转的奇妙与独一无二，赞叹每一段路途诉说的神秘与遍地惊喜。

合上眼，听那声音隐约而细碎，见那光芒明灭而耀眼。

一片光影里，舞动着，翩若惊鸿。

（指导老师　杨珍礼）

# 小幸运

上海市虹口高级中学高一

彭隽雯

红砖砌成的围墙外，一盏盏灯，久久地亮着，久久地为校园路上绿白交织的"花儿们"指明通往梦的方向。

"天下没有不散的筵席"。所以聚和散本身就是相互牵制的辩证关系。一转眼与相处三年的他们说了再见，再一转眼，我们聚在了虹高的校园里。

人总会有分歧，那些不统一的认知，身处不等的环境，喜好的差异，全都是导火索。可不同性格的我们，似是天生互补般，能顺利地解决麻烦，坚定地守护班级荣誉，共同地拼搏进步，无条件地鼓励对方……

只因为，我们是伙伴啊。

"你好呀！未来三年还请多指教。"

刚入学便结识了一位好友，与她相处，我总是沉静得像个老者，她活泼得像个孩童。和她放学一起骑车回家的路上，我总是默默地看着天空，看路边的植物，看地上的石子。她则兴致满满地，发现一家新开的店、新置的装饰就指着给我看，对拐角书店里的小说杂志更是情有独钟。我便在一旁盘算着今天的备忘录，估计着要完成作业的时间。每每碰上些不尽如人意的事，尽管对自己没多大的影响，她也愤愤地向我絮絮叨叨，然后我附和着，不着痕迹地帮她消气……

她总享受放学后惬意闲逛的时光，我总觉得有些无趣，在我无数次催促她之后……"好了好了，今天放学我们各走各的，行了吧！"一个刮大风的深秋，我们起了争执，最后不欢而散。那天放学，我的心有着慌张，理完书包，正好看见她与别人告别后就出了教室，我也匆匆忙忙地跟上去。我们一前一后地到达车库，取了自行车，她似是无意间地回头，看见我竟刻意加快脚步，推车出了校门。我抿了抿唇，失望、不知所措、沮丧……各种各样复杂的情感萦绕在我心间。出了校门，我习惯性往篮子里伸手，却发现篮子里空空如也，猛然回想起追她出教室的时候竟忘了拿桌上的手套。秋风喜怒无常，倏忽之间，它已经缠上了我的手，抚上了我的脸颊。我嘟囔着今天的坏天气，心里只想快点蹬车回家。

我在街角书店那儿停下了。

我看到了她，不同往常，她没有流连于书店新出的小说杂志，她默默地盯着我看了几秒，我有些茫然同时又不知道该说什么。她突然骑上车，从包里翻出不知塞了多少天的手套。她不爱用那东西，嫌烦。我看着她，她笑着回望着我，那一刹那，我看到她的眼睛，顿时，我的脸有点红，耳根也是。

我递回一只手套给她，我们都没说话。我想，"此时无声胜有声"

第二天放学，我们像往常一样一起取车，一起出校门，一起回家。到了拐角我习惯性地减速打算停车，却看见她瞥了几眼书店，似是想逛，但又突然加快速度蹬车走了，我情不自禁地笑了。"骑慢点，等等我呀！""不要！哎呀，你快点啊！再下去我就控制不住想要掉头回去的欲望了！"……秋风依旧，可我却觉得温暖而舒畅。那场闹剧，我们都默契地不再提，就让它吹散在风里吧。

时光悄逝，高一的上半学期，沉甸甸的满是回忆。初秋晨跑时班上负着赘肉的高个子伴随着"呼哧呼哧"的喘气声咬牙紧跟在队伍后面，丝毫不因为自己而影响班级节奏；伴着细雨到来又消失，本子上写满了一行行字迹，同学们也相继在课间执起笔，写出属于我们的文字；运动会的那天，我们持着无法抑制的力量，冲向高高举手的裁判，整齐的呐喊声是无法给我暂停键的旋律……

我携着梦，走在恬静的小道上。抬眸望见二楼的本班教室，想起那段欢声笑语，扶持帮助，拼搏进步的日子……再往上是虹高的天空，湛蓝而又明朗，充盈着希望。

很幸运能在虹高遇见你们，我的伙伴们。

（指导老师　贾沪生）

# 学习鲁迅先生的理由

上海市杨浦高级中学高一

陈承启

文学社新一期的社团活动是玩游戏。因为是文学社,这次游戏的主题是"我们为什么要学习鲁迅",参加游戏的社团成员依次陈述自己的理由,每轮由所有玩家匿名选出一名被淘汰者。

最终留下来的那个,就是下任社长。

这场游戏,是水平和手段的双重考验。社长是学校学生会的成员,最有机会获得学校推荐上名校的一分子。

新加入社团的成员在一年的时间里几经考验,剩下了五个还愿意经受文学洗礼的热血青年，每个人都有五分之一的可能赢。

　　游戏开始，茅邓抢先发言："鲁迅先生是在中国新民主主义革命文学史上的里程碑，在这个被反动政府残酷压迫下的社会，鲁迅先生用他的文字鼓励和激发着无数热血青年用自己的一份力为国家的振兴做出贡献！鲁迅先生笔下所写的不是单纯的故事，他写出的是社会现状的无情以及自己的无奈，他用诙谐讽刺的手法揭示了这一切，他是历史的推动者！"

　　茅邓有"小茅盾"的称号，他有着一腔的热血，也一直用文字来抒写自己的愿望。刚才一番陈述更是慷慨激昂，仿佛言语都已经无法诠释他对鲁迅的赞美。

　　"我们为什么要学习鲁迅？我们学习的不是鲁迅！历史长河有太多如此的学者，我们为什么今天仍在赞美他的作品？因为我们学习的是他的思想。鲁迅的文字含蓄有力地表达了他的志向和爱国情怀！一个人的思想是如此深刻，以至于到现在还在有力地呐喊！这就是为什么我们要学习鲁迅！"

　　茅邓有些激动，大喘着气坐回了位子。他好像不是那么在乎社长之位，刚才之言激动万分，是发自肺腑的心里话。

　　之后发言的两位就有些平淡无奇了。两位小将是从前辩论社的，靠着巧舌如簧在文学社里还小有名气。可是像这种功底和内涵缺一不可的典型文学型问题就有些拿不出手了，平淡的叙述紧抓着"学习鲁迅"不放，泛泛而谈了大量赞美文人的词汇，放在古今哪个学者身上都适用，完全凭着辩论功底草草结束了陈述。

　　也难怪茅邓要在底下愤愤地说："都是废话"。

　　第四位周暮开始说话了："先不单谈鲁迅这位伟人如何伟大，因为前面茅邓同学已经用大篇幅的语言来赞美他了。我们为什么要学习鲁迅？很明显，无论经过了多少期教改，鲁迅的文章仍旧频繁地出现在中小学生的课本里，用鲁迅的文章编成的阅读理解题总会时时出现在我们的学生时代。我们为什么要学习鲁迅？因为我们无法完全领会他深刻的思想，无法读懂他看似一句轻描淡写的话背后所蕴含的意义。就像《药》中，你可以很明显地感受用血馒头治病的愚昧无知，却无法直接领会革命烈士含冤而死，他墓上不知是谁放置的花圈和久久不愿离去的乌鸦所表达的含义。我们学习鲁迅，是因为我们的幼稚，无法领会鲁迅的全部思想，但我们无畏，我们不断在探索文学的真谛！"

周暮显然是有备而来，他对社长之位志在必得。与前面茅邓形成鲜明对比，他的陈述波澜不惊，却有力地直击重点，令人不禁点头称赞。周暮的陈述几乎完美，学术性和辩论技巧都巧妙运用，是一个有水平有手段的陈述。

到第三轮的时候只剩下茅邓和周暮了。要求是围绕鲁迅的作品进行阐述。

茅邓："鲁迅的作品多用具有悲剧色彩的人物形象来揭示国民性的弊端，典型的就有孔乙己、祥林嫂……他们不是社会个体的具象，是艺术形象通过鲁迅先生的高度概括，有力地凸显了社会的冷漠。我们学习鲁迅，要学习他这种善于发现生活背后的本质的洞察力，更可以把这些融入自己的写作中。"

周暮："鲁迅先生是一位医生，却半路弃医从文了。他以前曾想用这双手拯救国人，可是他发现这不能唤醒国人，于是他化身文坛斗士，用笔揭示现状，激励青年奋斗。作为他的学生，萧红受益匪浅，她不止一次在文章中提及鲁迅，提起他的严厉，他的温柔，他的哲学。当我们已经深刻研究鲁迅的作品后，我们更应该学习鲁迅这个人，他的待人接物，他的无私奉献……"

只言片语无法穷尽我们学习鲁迅先生的理由，但我们是一直要学习他的，学习他对脚下这块大地的深深情怀。

谁输谁赢已经不重要了，这只是场游戏罢了。

# 新西兰的冬

上海市嘉定区中光高级中学高二

张雨苾

漂洋过海,跨越半球,游学于新西兰,正值当地冬天。相比起北京的北风呼啸,江南的冰冷潮湿,东北的千里冰封……这新西兰的冬天啊,"温暖"得很。

漫步在河滩,我身旁的银蕨宽大劲健,墨绿色的叶子,庞杂的枝系,粗糙的树纹,它仿佛享尽日月星辰,看遍生活百态,静静地散发出朴实的厚重感;更像是幸福的老人,与延绵雪山相望,与湖水波纹相连,与我慷慨分享大自然冬日的馈赠。水天靛青一色,空气格外清新,鸟儿披着斑斓的羽毛，歌唱它们的音乐。房屋只是一种点缀。这种组合是大自然最真实的产品。呼吸时哈出的雾气，提醒着我身处于这美妙的冬天。

在新西兰过冬从不寂寞，它总会给你带来不同的新意。住家驱车送我上学，车窗外，一路上经过郊外农场，牛宝宝紧跟妈妈身旁品尝鲜汁嫩草，新生的小鹿在孩子们的注视下学着走路；还有一片片果园，猕猴桃硕果累累，农民们整理着行装准备采摘。路过山间小道，环山冬跑的居民真不少。他们脸上的红晕，轻松的神情，成为让我惊喜的冬日印象。

到学校了，新西兰学生穿着西装短裙迈进校门。他们欢迎我这位异国学子，挽起我的手带我熟悉校园。暖阳照地，绿茵地上有踢足球的学生，他们短袖上场，赤脚踩地，邀我一起参与。盛情难却，我顾不上害羞就被拉了进去。

我脱下鞋子，在草地上狂奔。"Liz, fighting！"队友为我鼓励。我闻声看去，他们忘情游戏，忘却了寒冷的束缚。我心中早已为他们呐喊，为让自己变得洒脱助威了。那一个冬天，我第一次用自己的双脚丈量大地的尺寸，感受草地的真实触感，真正爱上了这个充满活力的新西兰的冬。

游学生活云淡风轻，没有大风大浪，却能亲身感受安宁，美好的片刻已是求学生涯中的一大幸事。陌生的城市，陌生的人，远行的游子要怎样才能驱赶忧虑孤独的不定期突袭？我身处那不一样的冬，接受了平凡琐碎之中的慰藉。

新西兰的冬夜，抬头仰望，浩瀚星辰。点点繁星守护着宁静的新西兰，可亲可爱的新西兰人将自己的真情融于自然，让自然一直延伸到我的心里。思绪蔓延，不知何起。夜寒，住家母亲为我披衣。她轻抚着我的双肩，如同家人，邀我进屋。我感受到那份温暖的力量，心中泛起阵阵涟漪，暖如怀抱，不禁为这的新西兰的冬心生赞叹！

（指导老师　王　蓉）

# 雨滴落下的青春

湖南省宁乡县第一中学高二
谢 畅

"滴答、滴答、滴答……"

一

之言很叛逆。

十六岁本应是含苞待放的年纪,可是,她本没有一丝杂质的脸上满是化妆过的痕迹，尽显成熟和妖惑。

每一个见到她的人一眼便能瞧出她是个不良少女。现在，她打架斗殴，烫发染发，谈恋爱。她每天迈着自以为轻快的步子走过校园，人人避之唯恐不及。

这朵妖艳的罂粟花享受着同龄人的惧怕和瞩目。

奶奶叫她出去吃早饭，她没应，缓缓地套上那条破洞牛仔裤走了出去。早餐一如既往的是一碗粥配上个鸡蛋。她冷漠地将自己碗里的鸡蛋放到奶奶空碗的旁边，三下两下地喝完了粥。奶奶见她大口大口地吞粥，轻声说："慢点，胃会坏的。"

奶奶围着已经看不出颜色的围裙，手里拿着抹布，脚上穿的是那双老旧得不行的拖鞋，做完事，双手往围裙上一抹。之言将垂下的一缕长发捋到身后，心想，真糟糕！

"唉！"轻叹一声，提起双肩包往外走去。住的老楼巷子很窄又曲曲折折而且阴暗潮湿。因为很窄，所以抬头看见的只有一片狭窄的天空和来不及收回家的飘荡的衣物。淅淅沥沥的小雨滴滴答答地落下。

之言感慨，她的人生不会也只有这样一片窄窄的天空吧。

## 二

之言是那个永远迟到的人。她永远都能理直气壮地挺起胸，在老师的眼皮子底下走到那个专属于她的角落。书包一甩，趴下睡觉或听歌，玩手机，完完全全自动屏蔽掉老师那愤怒的眼神。

她张扬地走在校园，跟旁边一群拉风的朋友勾肩搭背，一副十分没有教养的样子。老师不会再特意地教育她，只是觉得很惋惜。

生活每天都在继续，之言浑浑噩噩地过着一天又一天。

她只是普通家庭的孩子，爸爸妈妈在外打工，常年不在家，把她丢给年迈的奶奶好多年。她明白孤独和等待的那种滋味，真心不好受。

妈妈打长途电话回去的那天，之言拖着疲倦的身体刚到家，神情是一贯的冷漠。

"秦之言，你又到哪里鬼混去了？"妈妈很愤怒。

"你们有本事把我丢下，就有本事别管我。"不带一点温度，她挂断了电话。

她把自己关在屋里，一串雨滴无言地打湿了窗台上的书页。她把藏在床底的啤酒拿出来，大口大口灌自己，有泪水从她的脸颊流过，花了妆，乱了发。

## 三

秦奶奶一早走进孙女的房间看到的就是这样一幅场景：自己的孙女躺在床上，满地的空酒瓶，空气中弥漫着一股刺鼻的酒味。

之言醒来的时候，头痛得厉害，还没有完全清醒，只是隐约听到雨声夹杂着叹息声。

莫名其妙地，之言觉得有点愧疚，失落了一整天。

奶奶对这件事只字未提，只是照常给她做早饭，轻声喊她吃早饭，出门前柔声叮嘱注意安全。这样的沉默弄得她心里更不舒服，但也就让它这么过去了。

## 四

之言顶着肿得像桃子的眼睛去了学校，没有人知道平常冷漠的她为什么会哭，也没有人敢迈出一步上前安慰她。

安生的日子没过几天，之言又"光荣"地进了学生办。打架，打架进的学生办。有雨击打在透明的玻璃窗上，晕出淡淡的水圈。之言看着雨滴落下，雨落下，仿佛她并不是这起事件的主角。

主任问为什么打架，她不说话。

主任说要请家长，她不说话。

主任说要记大过，她还是不说话。

她像是在用事实证明，她十六年的修为和面前这个男人四十几年的历练来比毫不逊色。

主任又问了几遍为什么要打架，大概是被气得不轻，到最后的声音有点大，之言只感觉到耳边一阵轰鸣。

打架的原因她不会说，也不想说，尽管只是一句玩笑话，可却触犯了她的禁忌，一言不合就打起来，甚至有些人到现在都没搞清状况。

父母不在，秦奶奶被请到了学校。一次大过加上停课一周的处罚，秦奶奶沉默，之言的眸子里也看不出一点波澜。

回家的路上，奶奶什么都没说，走一步叹一口气，走一步叹一口气。

## 五

没有人会了解她的自卑和孤单。从她记事起，家里就只有一个不太爱讲话的奶奶，这个家暗黑冰凉。父母常年不在家，她就像一只被丢弃的小鹿。

她努力尝试着各种各样的方法，拿第一名，做三好学生，参加各种大型比赛，可这样仍然不能让父母多回家一次。

不知从什么时候，她开始逃学，灰心沮丧，一点点放弃，她封闭了自己的内心。

她开始没有朋友。在十四岁那年交了一个体育生朋友。十五岁，那个朋友转学了,她又成了孤单的一个人。

那一天,她被一个女生拦住,那是她第一次打架,死死地揪住对方的头发,有些可怕。只因为对方一句"怎么?你父母不要你了"而大打出手。有水滴从脸颊滑落,不知道是雨水,还是泪水。

从那时起,或许是从很久以前她的心灵已经开始扭曲,之言变了,变得会伪装。她不再是那时牵着妈妈的手买菜欢呼跳跃的小女孩,不再是那时想得到父母关注而努力读书的乖乖女。她变成了现在这个冷漠、打架滋事的不良少女秦之言。她渐渐地失去了自己,失去了最初的纯真和美好。

## 六

秦妈妈不得已赶回来的时候,之言刚和一群"好友"嗨完回家,一身的酒气。坐在破皮沙发上的秦妈妈深深地皱了眉头,刚要开口就被女儿的一句话给噎住。

"你这次打算什么时候走?"她给自己倒了一杯水,显得毫不在意。

"言言。"妈妈想说的话只化作一声呼喊。

"难道我说错了吗?这次你在家又能待多久?"之言瞪大眼睛,"砰"地一声关上了门。

秦妈妈站着久久回不过神来,她的女儿真的变了,变成了她不认识的现在的样子。原来自己早已经被关门外,隔绝在女儿的世界外了。

床下的啤酒被移走了,墙上乱七八糟的海报不见了,房间变得前所未有的干净了。

泪水渐渐浸湿了枕巾。

"滴答,滴答,滴答……"

"妈妈,我好像听见雨滴轻轻落下的声音了。"

如果可以，她宁愿停留在梦中，梦中有小时候欢快的日子，有陪伴在身边的父母。

青春的雨滴轻轻地滑过之言的内心，滑过她那个不被理解而且孤独的青春。

（指导老师　龙　潇）

# 高考之外

吉林省吉林市毓文中学高二
侯明宣

走在洒满阳光的小路上，陆离慵懒地伸展了一下双臂，想到明天就是周末，不由得开心起来。

陆离是逾明中学的高三生，从小就成长于书香翰墨的熏陶之下，闲来无事时总会一头扎进书堆，沉醉在美妙的文学世界里。那时，他小小的心里就埋下了一个梦想——

"我要做一个举世瞩目的作家！"小时候的他这样坚定地想着。

他为了这个梦想一直执着着，他最常出入的地方就是学校旁的图书馆。那里书多，又有一股子古典气息，门上悬着一块略有些陈旧的匾额，赫然刻着"竹轩"二字。门口种着稀稀疏疏几株竹子，总有一个老先生坐在竹子掩映着的躺椅上，悠然自得地读着书。老先生高高的鼻梁上架着一副金色细边眼镜，总是一副很严肃的表情，颇有一番老学究的模样。每次去他都会和老先生打声招呼，老先生也点点头答应着。今天依旧是平常的一天，陆离照往常一样中午放了学就走向图书馆。这次躺椅上却是空空如也。他有点疑惑，而后像是要甩掉某些胡思乱想一样甩了甩头，走了进去。他穿梭在书架之间，寻找着自己的"猎物"。

"找到了！"寻觅到了目标，陆离欣喜地小声嘀咕着，刚伸手，一只手却先一步落在了那本书上。他偏过头，恰巧与手的主人四目相对。那人穿着略旧但洁净的条纹衬衫，略高的身板有些单薄。他虽然头发斑白，却有种鹤发童颜的味道。眼睛深邃又犀利，不是那老先生是谁？不等陆离说话，老先生先开口了。

"是你啊，这本书可是好久没借出去过了。"老先生冲陆离摆了摆手，似是无意地感叹道。

陆离愣了一下，转而笑笑："我偶然看到这本书的简介，对这本书的描写特点很感兴趣，而且据说有很多关于篆刻的内容，就借来看看。"

"小子，你也喜欢篆刻？"老先生眉头不经意地挑了挑。

陆离一听，有门儿！"您也喜欢？"得到了肯定的答复后，陆离一改拘谨的样子，眉飞色舞地聊起了篆刻，老先生也不时点点头，附和几句。二人意气相投，从篆刻聊到文学，直到快到返校时间才停下来。

陆离如遇知音，心中畅快极了："前辈怎么称呼？"

"就叫我老燕头吧。"

"陆离，走啦！"

听到同学的喊声，陆离忙应一声，转身跑出了图书馆。刚出去，就被同学拉住了。

"你竟然能跟馆长聊起天来？"同学一脸难以置信，"你不知道他是谁吗？"

陆离疑惑地摇摇头。

撇了撇嘴，同学无奈地道："这老头可不简单！他可是曾在国内文坛上盛极一时的云景！你能跟他聊一中午，真不容易啊。"

从那以后，他和老先生渐渐熟络起来。两个人一起聊文学，聊篆刻，天南海北什么都聊。不久，他们就成了忘年之交。

看着桌面上零散铺放着的几张模考试卷，上面鲜红的数字刺痛了陆离的眼，耳边仍回荡着父亲的斥骂，他修长的双手握得紧紧的，握得骨节发白。实现梦想就这么难吗？陆离这样愤愤地想着。父母、老师对自己都是一副"恨铁不成钢"的态度："高考才是人生的唯一出路，要这些旁门左道有何用？有写乱七八糟的文章的时间不如多用在学习上一点！"就连同学们也有些疏远他了。

为什么我已经很努力了却没有人相信我？

为什么高考就一定决定了一个人的人生？

为什么梦想和高考不能同行？

面对着种种压力、种种质疑，痛苦、迷茫一点点扯着陆离的心，划出道道鲜血淋漓的伤口。

他脑中忽然蹦出一个叛逆的想法，我不要高考，我一定要当作家！他一定要证明自己，就算不学习不高考也可以闯出自己的一片天地！

他怀着忐忑不安的心情走进图书馆，低着头忸怩了半天，最终还是对老先生坦白了自己的想法。老先生沉默了。半晌，他从椅子上站起身，"这是你自己决定的路，我不会干涉，但我有个测验给你。"

"什么测验？"

"在下次模考前写出一篇你自己满意的小说，拿给我看。"老先生扶了扶眼镜，如是说。

陆离起初是很欢喜的，他怀着满腔热忱，每天都熬到很晚，还去图书馆查找各种资料。他心中充满着对作品的期望，仿佛看到了老先生夸赞自己时脸上盈满笑意的皱纹。然而他发现，无论怎么写都写不出自己想要的作品，眼看着日期一天天临近，他的心就像被揪紧了一般又急又难受。

约定的日子终于到了，他把自己写好的小说带给了老先生看，他的心忐忑极了，有种害怕自己不合格的紧张。

终于等到老先生看完，他本以为自己会受到批评，却看到老先生微微颔首。

"很好。"

陆离听到这样的回答，急忙用力摇了摇头："别安慰我了，我根本没整理好，后半部分很乱，我自己都知道！"

"对，粗犷、直率、不够完美。你是一块刚出土、还未磨好的原石，再下功夫好好磨炼吧。"

"我写了之后才发现，光是想写和热爱是不够的，我要学的东西还有很多很多……"陆离攥紧了拳，失落地说。

老先生微微笑了："看来你已经明白了。"他合上书页，把书递了回去，语重心长地说："学习不是无用功，你需要通过学习积累知识，储备能量，才能写出更优美的文章。梦想和高考，是可以同行的。"

听了这番话，陆离豁然开朗。他又重整旗鼓，回到从前的生活轨迹，努力备战高考，积蓄着力量。他的文章也在老先生的指导下写得愈加成熟。他参加了"鲁迅青少年文学奖"的征文活动，为弘扬鲁迅精神出了份力，据说得了奖还会刊登呢。

时间如流水，转眼到了公布获奖名单的那天。

他真的成功了。

握着手中的获奖证书，陆离的心跳得像有只小鹿在奔跑一般，他很兴奋，飞快地冲向图书馆，迫不及待地想立刻通知老先生这个消息！

老先生坐在图书馆的柜台旁惬意地读着书。门外忽然冲进来一个少年，他一个箭步冲到老先生面前，气喘吁吁地扶着膝盖，激动得差点把奖状拍在老先生脸上，脸颊也因而染上了一抹红晕。"我获奖啦！特等奖！"少年说着，不好意思地摸摸后脑勺儿，嘿嘿笑了起来。听到这个消息，老先生直起身，扶了扶眼镜，仔细地凝视着那证书，半晌，又坐了回去，嘴角不易察觉地勾勒起一丝弧度，旋即恢复了平常严肃的表情，点了点头。

"燕老，谢谢，真的。"陆离攥紧了手中的证书，抿了抿嘴唇，眼神坚定，一字一顿地说。

（指导老师　郑　阳）

| 奇迹的山 | 吴　双 |
| 佛渡苦僧 | 王佳同 |
| 凯茜与希思克利夫的重逢 | 韩家琦 |
| 生命中最后的礼物 | 吴晶晶 |
| 莫让语文"凄凄惨惨戚戚" | 林歆瑶 |
| 减轻生命的负载 | 曾　歌 |
| 偷不走的梦想 | 陈臻瑷 |
| 孤独谈 | 潘裕仁 |

## 清晨的生命梦想

# 奇迹的山

上海市上海中学高一

吴 双

一

我的记忆中除了有佛教名山、道教名山、中华五岳和花果山以外,还有一座山叫奇迹山。我小时候缠着妈妈讲睡前故事。大人总是很忙,会自己编一些没什么故事性和逻辑性的故事敷衍小孩。我已经不大记得妈妈讲的是什么故事了,只记得有一座名字很神气的叫奇迹山的山。

这样的名字显然是妈妈随口扯的,但我一直记得它并对此抱有极大的想象。

　　我从小就会想我们都住在奇迹山上，因为我们的世界有好多好多规则，有人为规定的还有约定俗成的。这简直太特别了，在惯性系内物体的运动遵循牛顿三定律，三角形的内角和偏偏就是一百八十度，还有语言的形成以及文字的发展，真是很难让现在的人想象最开始会说话的那个原始人为什么要把"我"叫作"我"，管飞奔着的动作叫作"奔跑"。这个世界是一个有规律的世界，人们无法解释公理，只能学着欧拉利用经验得出一些结论。可能奇迹山以外的地方都是无序的世界，一个足球飞来砸到脑门儿上不会被弹开，反而将绕着脑袋做圆周运动，一圈一圈转得直让人眼晕。

　　我们是奇迹山上的小孩子，是大千世界里因为被规律所束缚而拥有最小的可能性的孩子。我们在山上跑，要么上坡要么下坡，有时会走在平地上。我们不会飞，顶多一脚踩空摔了个狗吃屎。但是奇迹山以外的小孩子可能就会飞，可能跑着跑着就突然长出翅膀飞上了天，甚至可能连翅膀都不需要。当然他们也是有可能会在天空里面游泳的，可能在他们那儿的世界，天空就是大地，而泥土就是天。

　　不过，兴许奇迹山外面的孩子也会跑上坡跑下坡或者在平地上平缓地行走的。

　　谁知道呢。

## 二

　　我都十几岁了还记得奇迹山，这已经是孩童时代与哪吒、天线宝宝还有奥特曼同样不会忘掉的回忆了。奇迹山总会有守护神的，我觉得奇迹山的山神是孤独神。

　　我第一次感受到孤独神的存在，是在转学去新的幼儿园的第一天。

游戏课上，男孩子拿着水枪去海洋球里冲锋，女孩子们则在活动室里分配好了每个人的角色玩起了过家家。我叫不上每一个人的名字，只能去少有人去的线描教室。我在白纸上刷刷地画下黑白线条，在三角形的空白区域用点的疏密做出渐变的效果。木头铅笔点在白纸上发出轻微的"咚咚"闷响，我的心里有点踏实又有点落寞。

从点密的尖角区域到点稀疏的三角形的底边处，铅笔下落的速度会由快到慢，手腕也要一点点向未画的地方移动。画得久了，我的手就像在云端移动一样，一切都很流畅自然，而这间本就人少的教室好像只有我一个人了，其他小朋友玩闹的声音被当成噪声自动消除掉了。我感受到四周一片泛不起任何涟漪的寂静，有些明白，原来安静也是可以被耳朵听见的。

这个时候孤独神就出现了，他第一次到我的身边来。孤独神没有脸，或者说我没有去看他的脸长什么样子。他温柔地站在我边上，大手一挥，所有的声音都消失了。

我垂头在线描纸上画点的时候孤独神陪在了我的身边。我感受到他的存在，不是用眼睛也不是靠耳朵。

世界很大很空旷，我听不到一点声音；可是世界又很小，因为孤独神和我就在同一个活动室内几步之内的距离。我能听到时针走动的声音，很慢很慢，快要将我浸没了。

我想要抬头寻找他的时候，孤独神就消失了。我感受不到那种时间静止一样的安静了，我的心里有了一丝漫长停顿后的起伏。然后，女孩子们用厨房玩具假装做菜的声音和隔壁房间男孩子推足球桌的夹杂着嬉笑声的金属撞击声都回来了，涌到了我的耳朵里。我忽地就觉得身边的人气多了起来，很安心。

我想我刚才可能是被正巧下山来的孤独神带到了奇迹山某个不为人知的山洞里，我无从知晓孤独神用了什么神力，也不知道他是出于什么目的为我屏蔽了一小会儿外界的吵闹。

我只是觉得恍惚那么一小下子之后我的心神又回来了，好像我又变成了我自己，可以很自在地在奇迹山上玩耍嬉戏了。

我想孤独神应该是一个亲切的神明。

## 三

我大一点以后，经常能感受到孤独神的陪伴。不过我终究也没能和他搭上什么话，每次他出现我都仿佛忘掉怎么说话一样。每次孤独神离开，他也不说再见，我一回神的工夫可能就会忘了孤独神刚才到我身边来过，就像一场短暂的梦境。

我学了小提琴，当我可以对着谱子演奏出一些有音乐感的曲调的时候，我会感觉孤独神其实就在我的身旁听着。我一个人在房间里支好谱架，这个时候孤独神可能就在房门边上靠着门框看着我了。

我开始演奏THE RAIN，那是很柔和的曲调，这时孤独神就站在我的身后。他不说话，也没有什么其他动作，但我知道他出现了。风会从房间半开的窗户的夹缝里吹进来，风不是很大，很轻很轻地吹起孤独神的头发。

我想孤独神一定是有一头很长的头发的，白天穿着一身黑色的长衣，晚上换成白色的。太阳刚刚升起的时候，他就背着手站在奇迹山的最高处，观赏奇迹山上含着规律的随着太阳直射点的南北移动而有轻微时刻变化的太阳的升起，谷风会吹起他黑色的长衣以及黑色的长发，就像白色的清晨的光芒中一个黑色的剪影。奇迹山很小很小，因为毕竟整个浩瀚无边的宇宙中也就只有这一处是一个带着特别的规律的地方了。人们此时还没有醒来，整座奇迹山都静悄悄的，又显得很大很大，空旷得没有一丁点儿声响。

傍晚的时候孤独神就穿着白衣服穿梭在奇迹山庸庸碌碌的人群里。

提着公文包匆匆行走在地铁车站里边的白领,背着书包刚刚下课或者赶着去上下一堂课的学生族,还有面上带着沧桑穿着沾上很多灰尘的蓝色工作服的清洁工人。奇迹山上的人们无一例外地低着头走路,可能因为土地很近又很厚实,比天空更加实在一些,也更加小一些,能比遥远的天更加让人安心。

孤独神守护着这座奇迹山,山上有很多的人,大人,老人,还有小孩子。每一个人的人生可能有的长有的短,有些个例兴许会名传千古或者遗臭万年,不过轨迹都差不多,无非就是生老病死。

奇迹山虽然叫奇迹山,但每个人所拥有的可能性都很小。起床,刷牙,洗脸,吃早饭,出门,上学或上班,回家路上去路边的拉面店点一碗面或者和朋友约着去看一场电影,从牙牙学语的婴儿时期到垂垂老矣的暮年,每个人都是这样的。

孤独神却能叫得出奇迹山每一个人的名字,无论他们是不是都有着相似的经历,孤独神能从平凡的每一个人中辨认出奇迹一般的不同。但不是奇迹山上的每一个人都知道孤独神。孤独神穿着显眼的白衣服在夜色里行走的时候,可能就在拥挤的人群里和自己撞到了一下手臂,可是人们无暇抬眼看一看,更不会想到孤独神在刚才与自己擦肩而过了。

孤独神有时会来听听我练琴,不过只待一会儿。在我还在启蒙阶段只能演奏出空弦这样的枯燥曲调的时候他也会来听一听,偌大的房间里只有他一个观众。我有时会猛地回头想看看孤独神是不是听得躺在我柔软的床上睡着了,但是房间里除了我自己一个人也没有。

这个时候传来了楼上学钢琴的小姑娘演奏的《月光曲》。

## 四

在奇迹山上吵吵嚷嚷的人群里,其实也会遇见孤独神。新年钟声敲响前的外滩，离约定好的时间还有半个钟头。我一个人挤在人群里，我的视线前方、后方，人头攒动，我能辨认得出传入我耳朵的本地方言，四川话，河南话，还有外国留学生洋泾浜的普通话。在人群中，原本约好的朋友都失散了。

"你在哪儿呢？这里太吵了，听不清你讲话啊！"在"喂，喂"声中挂掉了电话。一抬头，人群忽然安静下来，又忽然开始用整齐的声音进行新年倒计时。

10，9，8，7，6，5，4，3，2——

1！

"新年快乐！"

藏青色的夜空里被笼上了一层暖融融的灯光，新年烟花放响，就好像生长在天上的海棠花。我想人间的烟花就是奇迹山上罕有的奇迹，是孤独神一次参加神界聚会的时候，从别的山上带来的天上的花。

孤独神从奇迹山上的第一个人出现之前就在这里了，他看着夏商周的人们开始揣摩这个世界的规则，在乌龟壳上刻下甲骨文卜辞，口中念念有词；他听着苏美尔人站在幼发拉底河边对着太阳历计算着下一次集会的日期，吟唱着赞颂他们的英雄的《吉尔伽美什》；他有时也去千百年里各场战争的废墟边站一站，看着荒凉的平原和废弃的宫殿，还有失去了生气的人们，然后微微叹一口气。

奇迹山就是没有奇迹的地方，但是奇迹山上的孩子甚至是大人们总会期望奇迹的发生。孤独神守护着奇迹山上的奇迹，他一个人会在恰当的时候下山，跑到别的山上去搬运一些奇迹回来。可能孤独神除了是奇迹山的守护神，也是奇迹山的造物主。他的手轻轻一挥，努力的人在得知自己成果的那一刻会露出很多笑脸，生命垂危的病人在亲人的呼唤下会突然睁开眼睛，摔破了膝盖而眼泪汪汪的小孩子会渐渐停止哭泣。

他的长袍裹挟着雷电，让漆黑的盲夜有了灯火，后来他又带来了烟花。他坐在云端，撒下烟花的种子，所有的烟花都在泥土里生长起来。

烟花是天上的花，人们看不见它透明色的根茎，触碰不到它温凉的枝叶，只有在新年零点钟声敲响的时候，所有的烟花都已经足够成熟了，在夜空里盛开，人们才会看见它缤纷的色彩，并认为烟花美丽得像个奇迹。

其实在人们并不知道的时候，烟花已经在土地上生长了。但是孤独神是不会告诉人们的，他只会站在仰头看着漫天烟花的人群中微微地笑。

我虽然没有回头寻找他，但我也开始微微笑着了。

## 五

夜里写作业时总容易看着书桌上贴着不伤眼标签的台灯发呆，我坐在寝室最靠近窗户的位置上，时而看一看窗外渐渐暗下去的夜色，猜测着下一个下班的值班老师会什么时候离开校门。

月亮在天空上高高地挂着，但已是一钩残月，在云层里若隐若现。

孤独神在这个时候还没有出现，我猜有时候他也不会一直在奇迹山上的。可能其他山的守护神开了些聚会，邀请了好多好多山神一起参加。孤独神就会离开个一小会儿去别的山看看。这个时候的奇迹山会和往常一样很安静很安静，但是空荡荡的。

他可能正安静地抿着酒，可能听着其他山神演奏神界的音乐，也可能望着其他山上和奇迹山长得不大一样的花花草草发着呆。孤独神一直在微笑，看着其他神明饮酒划拳的热闹情状，也不说话。

只有他一个人穿着夜晚白色的衣服，其他山神都穿着华美的服装，面色明艳得像奇迹山上春晓时节的花。孤独神在众神中并不是很出挑，偶尔会有其他山的什么神来和他搭话，他会静静地听，不会主动加入其他人的谈话。众神觉得孤独神太孤独了，渐渐地也不再愿意和他说话。

孤独神发呆的时候可能就忘了回到奇迹山的时间了。我也在发呆，黑色的水笔在右手的指尖旋转，时不时掉下来发出"啪"的一声，黑色的墨水划痕留在我的手上。

孤独神什么时候回来啊。

我不会飞，长不出翅膀，没有办法走出奇迹山的边界，也不知道孤独神到底去哪座山了。奇迹山上有太少太少的可能性了，我只能透过窗子发呆，想象出一些见到孤独神的情境来。可能其他山上的孩子爬到山顶也能看到孤独神，不知道他们会不会喜欢孤独神。孤独神看着别的山上的小孩可能也会想起奇迹山上很活泼但是不会飞的小孩吧。

我学着孤独神的样子低低叹了口气，开始收拾书桌上乱七八糟的书本和水笔，皎洁的月光透过窗户照进来，十分柔软。

我打着哈欠，打算拉上窗帘。窗外的星星一闪一闪，我突然顿住了。

孤独神一定是回来过了，我还能看到还没来得及消失在树丫缝隙间的他的白色长衣的衣角，衣服上带着他急急赶回来时沁出的细汗。

他背了一个包囊，装着他从其他山带来的奇迹。

# 佛渡苦僧

甘肃省定西市临洮中学高二
王佳同

业海茫茫兮不见彼岸，幸得圣佛兮渡我苦僧。

——题记

一袭青衫落拓，一双剑眉冷对，一顾阑珊悠悠曲，一文憔悴漫漫途。

自小学课本中接触鲁迅先生的作品已有多年，知人论世，解文喻理，或成语文学习中不可或缺也。

## 依 稀 泪

几回残梦映残泪,不教断情亦断肠。

曾记百草园中少年,锦时风华,眸清身正,度总角孩提无忧年岁,存天真纯洁无瑕心气。至于三味书屋者,拜孔圣,读五经,虽为封建私塾,先生戒尺亦甚是威严,然国学启蒙之海,甚为淳厚。读此篇,当得封建旧学下之儿童所思所感,晓那年园中树下,一段风华。

又至园中山精,事中鬼怪,长妈妈于幼时鲁迅而言不单为一乳母之身份。山经海纪中的奇闻妙趣,仁慈宽厚下的疼爱有加,对于幼时先生性情的塑造,甚为重要。多年之后白驹匆匆过矣,依旧会吟一声"地母护佑"。此篇之感情,甚浓甚纯。

《父亲》《祝福》等文,虽涉父亲、祥林嫂等家乡人物,然于悔恨慨叹之际终是对封建礼教之批判,性情则稍逊前二篇,或如其诗所云:"弄文罹文网,抗世违世情,积毁可销骨,空留纸上声。"

学习如上作品,方得少年性情,心中感念,诲吾辈以感思良知,教余等以同情悲悯。于今世焉,则如启蒙老师、父母亲人者皆有所淡化,故应通情达理,以人论今,而求家和友睦,不使遗憾。

他生缥缈,此生未休,感念依稀泪,掷取温柔情。

## 杏 坛 春

青梅有酒泉有茶,知音一唱杏坛春。

三味书屋之先生,终究为纲常所缚,日日知三纲五常,天天诵四书五经,境界难成其大。于鲁迅先生而言,令其记挂之恩师,莫不如藤野先生也。彼时书生意气,怀医者可救国之志,远赴东洋求学。异国他乡,樱花梦远,幸有师如藤野,教以真灼,待以关怀,虽日后天涯,改投作家,但鲁迅先生一直为藤野先生之工作态度所感动,为其关怀而记挂。对于藤野先生,鲁迅或真以兄弟情待之。

于此篇中,可觅严谨治学之态度,可得感念恩师之情怀。浮躁人生千百态,唯求勤恳应对之;于学习工作之中,得勤奋踏实之态度,亦常感念师友帮忙,他人教化,以求圆满。

十里寒塘,烟火一半,杏坛当春暖,流水遇高山。

## 阳 关 曲

豪杰遍吟阳关曲,丈夫满怀报国心。

鲁迅先生作品中最多者,为革命也。课本曾有《记念刘和珍君》,当为典型。时中国际遇危难,神州命运堪忧,他三改其志求唤醒国人之思想,"心事浩茫连广宇,于无声处听惊雷。"他讽刺当局,歌颂革命,联系仁人志士,投却凌云壮志,以笔为刀,痛刺当局,不逊荷枪实弹,击敌要害。"血沃中原肥劲草,寒凝大地发春华",他能"怒向刀丛觅小诗",纵使"躲进小楼成一统",却依然缅怀革命志士。"两年余一卒,荷戟独彷徨"。

这些作品中,寓有中国革命的时况,含有爱国志士的热血。于今日缅怀当年岁月,奠念热血勇士,了解鲁迅先生之革命思想。其意义所在,如日之升,如月之恒,如南山之寿,不骞不崩,似松柏之茂,无不尔或承。

三途断远,诗文无邪,真堪丈夫名,当尽志士心。

鲁迅之作品,诚如清龚自珍所言:"兼得于示剑亦箫之道。"剑气在理,可"霜寒十四州","千里不留行",从而为中国革命做出巨大贡献。箫心在情,可"月下逢素子离离",而感人心脾。或许鲁迅生来便不是一个和光同尘的人,他那份心,中国那份命,都是紧紧连在一起的。这份结或是纽带,便是那些作品,从而也能为今日之我们所读所晓。此心匪石,不可转也,此心匪席,不可卷也。

(指导老师　杨爱军)

# 凯茜与希思克利夫的重逢

黑龙江省哈尔滨市第三中学高三

/ 韩家琦

倾盆大雨。狂风卷着雨滴旋入敞开的窗,洒在这个僵直地躺在床上、口中喃喃自语的人的脸上。

希思克利夫不停地轻声地焦急地呼唤着凯茜的名字。突然,在朦胧之间,他看到了凯茜那熟悉的倩影,浓密的栗色长发,温柔又带有些调皮的大眼睛。

"凯茜,我终于又能见到你了,我的宝贝!我日日夜夜呼唤着你,就是希望你能回到我的身旁。我见不到你,生活就如同死亡,如同地狱。

我已经一周吃不进任何东西了。先别走，别走，就像我们小时候那样，和我说会儿话，好吗？求你，别走，凯茜！在我身边，好吗？"说罢，希思克利夫急匆匆地，像抓住救命稻草一样，伸手紧紧握住凯茜细嫩的手。

凯茜小姐眼中悄悄滑落一滴泪。"希思克利夫，我来是告诉你一些我们上次告别时没有说出口的话。我在天堂看到你狠心折磨哈里顿和小凯瑟琳，又处心积虑绞尽脑汁地拆散破坏林敦家庭，心如刀绞般痛，深深地痛！请你慢慢听我说好吗？"凯瑟琳的简称叫凯茜。

希思克利夫泪水涌出眼眶，他不停地点着头，又说："我恨透了林敦一家，恨透了亨德莱，恨透了那个不计后果、任着性子嫁去了画眉山庄的凯瑟琳……"

凯茜低下了头，轻声地继续说："在我心里，你一直都没有和我分开，你就是我，你就是另一个我！还记得你那次出走，那次险些要了我的命的出走，那次掏空了我的心的出走吗？我后来才知道，在我和内莉交谈时，你在身边偷听。我知道，你在听到我说要嫁给埃德加时，心一定碎成两段，对吗？希思克利夫？你听到我说嫁给你会降低我的身份，就离开了，没有回来。多希望你能听到我接下来说的几句话啊！我说，我是无论如何都不会和你分开的！"

希思克利夫哽咽了。突然，他又抬高音量，恶狠狠地将满腔怨气，愤恨吐出："可是，你为什么要嫁给埃德加·林敦？为了让我能配得上你，我远远地离开了呼啸山庄，竭力地尽我一切可能地提升自己，让我更加体面！我一个人在外吃了多少苦啊！你为什么不能给我些时间，就这么轻率地嫁去了画眉山庄，和那个懦夫在一起？！"

"内莉说得对，当时的我，心里太爱慕虚荣。我本以为嫁给埃德加，我就能生活得体面优雅。埃德加是深爱我的，他会把心都掏出来给我，他体面得像一个无可挑剔的绅士，他英俊，年轻，富裕，而且爱我；我本以为，我嫁给他，仍能和你在一起，在一起聊天，在一起玩耍，我可以给你钱，让你也变得体面。当时天真的我，没有想到，结果是你离开了我，而我在画眉山庄也没有找到真正想要的生活，因为你不在身旁！

我虽然能生活得舒适，但从未舒心，在心底，一直牵挂着你。直到你回来……"小姐抑制不住泪水，任泪洒落脸庞，清瘦的面庞铺满愁绪。

"可是埃德加那个懦夫，那个伪君子！他明明知道他不能完全拥有你的心，因为你无法忘记我，却还要想方设法夺去你的心！他这个懦夫遇到点小事就像没见过世面的胆小鬼畏首畏尾，这样的人，又怎能保护好你呢？我一直认为你的离去，就是林敦这个恶魔一手酿成的苦果！我恨他，恨刻进了我的骨里。我把我的悲痛与憎恨，全都还给了林敦一家，我想尽办法让他们恶有恶报，把林敦一家折磨得生不如死，痛不欲生！你看啊，我折磨他们使他们心力交瘁而死，又霸占了他们家的财产！我的复仇，完完全全源于对你的思念和我内心的不甘。"

"希思克利夫，求你，求你不要再这样下去了，好吗？要是早知道，这一切的结局是这样，我当初无论如何都不会做出那样的选择。不要再去折磨那些人了，我知道你也不愿那样，对吧？在我心里，你就仍像小时候我们一起玩耍时，不羁，狂放，又讨人可怜，又惹人喜爱，就像另一个我。你本不想，只是为了我，才去复仇，报复林敦，对吗？跟我来吧，我们的生活我们的爱可以重新开始，世上的人，让他们自由去爱去生活吧，不要再给他们施加痛苦了，希思克利夫！"

希思克利夫再也忍受不住，猛地将凯茜拥进怀里，任泪水打湿衣襟。没有什么能分开他们了。

也分不清是泪水，还是雨水，打透了希思克利夫的衣，他轻轻地吐出了最后一口气息。宁静，安详。

他的心里一直只有一个人。

她的心里一直只有一个人。

暴雨仍在肆虐，但呼啸山庄即将重回宁静。这爱不会有尽头。是啊，人们的爱，不会有尽头……

（指导老师　张　雪）

# 生命中最后的礼物

上海市第五十四中学高一
吴晶晶

他这辈子唯一的爱人死了。

蒂琪躺在一张洁白的病床上,他握着她的手。已经整整端坐床头、紧张一夜的他终于在瞧见她情况转好,能够休息片刻。阳光柔柔地从金属框架的高方落地窗洒进来,医院外还没有人,只有不知名的小鸟在啾啾鸣叫。蒂琪伸出扎着注射针头的手轻轻抚平了身边人凌乱的头发,手从上往下,抚过微肿的眼,感受过轻微的呼吸,最后再到点点星星刺手的胡茬。"七点零八分的话,再睡就要迟到了哦!"虽然早已经没有关系，他的生命中从不缺这一份工作，但缺一个她。门忽然开了，有着金色短卷发、高挺鼻梁、戴着银框眼镜的护士走了进来，她是这里的护士长。蒂琪对于护士长手推车上大大小小的针管感到厌烦。定是太久的病房禁锢让她烦闷苦恼，又或是金属轴滚轮的摩擦声吵醒了睡着的人。

"小姐，您今天的状态不错。"推了推眼镜，护士长一脸微笑对她说。

"是的，谢谢。"蒂琪刚要开口说话，他开口打断了她，并替她完成了回答。蒂琪想，这样也不错，让我保持着神秘感，随之一笑。是啊，若不是病魔三番五次来打扰，蒂琪那颗闪烁活跃、想蹦极想冲浪的心又怎会如此安定平静。平时有着魔术师小姐称号的她，怎会在七点零八分如此好的表演时机却身在白得刺眼的充满消毒水味的房里？专门为她造的表演舞台下，空无一人了。

他晓得她心里藏着失望。

他不想拆穿她，想守护她。

是夜，晚上七点零八分，蒂琪已经休息了。他站在厕所里，灯光摇摇曳曳的，他想点一根烟，虽然为了蒂琪已经戒了快三年，拨开了打火机，"油好像没了。"只剩一束微弱的红色光芒。点不着烟了，却又像是他自我放弃了。扔掉整盒新买的烟，但他留下了那只快打不出火的打火机。水龙头发出恼人的嘶鸣声，有点像恐怖电影里有的背景音效。他想刮胡子，但没有称手的工具。他从牛仔裤破损的一角摸出了瑞士刀，他试了试，小心翼翼地，"当啷"，瑞士刀掉在洗手池里，左手大拇指被划出一道深口，血顺着手指深刻又清晰的线条滴进池里，又顺着水滑进下水道，但他没喊痛。"啊！"忽然他眼中闪出明亮的光彩，似那只枯油快废灭的打火机重生一般，血似是重生必要的重点。

他一个大男人在厕所喜极而泣，恍若隔世初醒。

第二天早晨，他来到蒂琪曾经辉煌的舞台，打电话将曾经在蒂琪身边的所有关系伙伴全部召集在了一起。他们在那里谋划着一个秘密又或是一场惊喜，给蒂琪生命中最后的一份礼物。

第三天时间不知又流淌过几次七点零八分，又滑过了几次鸟儿鸣唱的早晨。他们举杯畅饮，又抱头痛哭。

那天是最美的一天。前一夜下过了雨，早晨空中立起一条彩虹，"七点零八分"，蒂琪被他急急又温柔地叫醒，"做什么呢，我还想多睡一会儿呢……"若放在平时，他定会笑着说好，但今天不行。"先生，不要打扰她，我昨天特意将闹钟提前了两小时。现在才刚刚五点零八分。"无所谓，只要一切都能顺利完成就行了。

蒂琪被推着换了衣服。当她摸到熟悉的面料时，她晓得了，"我要……我可以重回舞台了吗？""是的，亲爱的。"他知道她会很高兴。

她没想到，舞台下会坐满了人。

她第一次在她的舞台后感到紧张，她紧揪着他的衣边，一边喊着上帝。他温柔的一吻落在她额上："一切都因你而生，所以你无须有所顾虑。"

他目送着她上了台，听着音乐，等着时间。

"七点零六分，七点零七分，七点零八分……"

忽然掌声雷动，全场欢呼声震耳欲聋。刹那间他拉下机关线，舞台上空飘落下无数花瓣，她浅浅微笑，满面泪光，银色的舞衣与她金色轻柔的发丝还有花瓣在一同飘荡。他想到——"空中开花，七零八落"。

救护车的鸣笛声，人群匆忙的脚步声，还有他扑通狂跳的心脏跳动声，瞬间消失。

他这辈子唯一的爱人在她一生的舞台上，在众人的欢呼声中，她死了。

他总觉得她有诸多遗憾，所以他愧疚。

他回到舞台，直视前方空荡荡的观众席，舞台道具凌乱不堪，花瓣也被踩得乱七八糟。

现在是七点零八分的早晨。

他又一次摸出微弱火光的打火机,这一次,他点燃了幕布。大火飞旋,但他好像又是瞧见了她的……

# 莫让语文"凄凄惨惨戚戚"

上海市育才中学高二 林歆瑶

"满地黄花堆积，憔悴损，如今有谁堪摘。"重温易安这首耳熟能详的《声声慢》，心酸涌上心头。那憔悴而无人问津的黄花般的境遇可是如今我们的母语所置身的境地啊！"这次第，怎一愁字了得！"

曾轰动一时的"汉字危机"，清晰地让人们看到了科技冲击下汉字面临数字化的阵痛，提笔忘字的现象已屡见不鲜。各类成语大赛、汉字听写大赛层出不穷，试图唤回人们血液中流淌着的对语文的热爱，而选手却是在电子屏幕上书写着传统。

高考全国卷的作文题"提升语文素养",让不少考生无从下手,一筹莫展。在语文大受冷落之际,大谈语文素养的提升实在难为了考生们。

　　犹记得当年弃医从文唤醒麻木中国人的鲁迅先生用手中的笔血淋淋剖析了愚昧人们的劣根性,他义愤填膺地说:"唯有民族魂是值得宝贵的,唯有它发扬起来,中国才有真进步。"时隔多年,国民的劣根性看似已去除,其实只是在科技化、信息化笼罩全球的潮流中,在浮躁急功近利的社会风气下被粉饰,内心一样无比的空虚——伴我们从牙牙学语起的母语,早已躲到不知名的角落,在唯高考马首是瞻的高考教育潮流下,学习语文哪有学习理科提分快?在与国际大规模接轨时,语文哪有英语更受欢迎?

　　语文的惨淡境遇,来源于学科特性和与越来越惴惴不安的社会快节奏的冲突。语文的学习如同小火慢炖高汤般,得慢慢熬,才能散发出沁人心脾的香气,它是无法靠烈火猛攻来一蹴即就的,它就如同浮躁中的一股淡淡的清流,也与之格格不入。

　　社会环境是因素,但更令人心寒的是观念的根本缺失。有些现代人根本没有要提高语文的念头,他们视语文为强记硬背的恶源,完全不加以重视甚至排斥。他们看到的仅仅是需要背诵的密密麻麻的方块字,却看不到文章背后蕴含的或凄冷缠绵或豁达开朗的情怀;他们看到的仅仅是远离现实生活的古诗词,却看不到唐诗宋词流淌出来的画面感和浓重的情感;他们看到的只是一门冰冷的学科,却看不到一门有着体温的语言。在高效刷理科题的同时,语文书正在柜中蒙着尘,"冷冷清清、凄凄惨惨戚戚",是再适合不过的形容。

　　语文学科的遇冷,或最终还得归咎于应试教育体制的根深蒂固,努力强调自主拓展却好似有无形框架束缚。这就好比曾在"两会"上提出教育缩短年限改革而饱受教育专家批评"根本不懂教育"的莫言,至少在某些方面要比他们目光长远得多——他跳出了应试教育看问题而不是在应试下无奈挣扎。一切在寻求解决语文冷门问题的方案都建立在应试教育之上，当然无路可走。语文本就不适应应试教育，它无法提分快、效率高，若能跳出这框架，不一味注重成绩的提高，放弃功利心态，而单纯了解语文，很难想象有此境地。

语文遇冷的境遇是大势已去吗？一切为时不晚。我们只要求平等和尊重，拒绝"理科好才有未来"的偏见，让热爱语文、有其特长的人得一片阳光，而不是任他们受舆论影响自卑地躲在角落中。林肯曾发自内心地呐喊过："所有的人生来都是平等的！"而我想说，所有学科都是平等的。在平等的环境下，人才的孕育是自然而生的。请别区别对待语文，请不要连与她相遇的机会都扼杀。请试图走近她！

了解古诗词，不是因为应该得分，只需轻轻朗读，萦绕在唇齿间的平仄韵律，绝对让你爱不释手。"十年生死两茫茫，不思量自难忘"，这是生死离别何等的悲凉与痛苦；"衣带渐宽终不悔，为伊消得人憔悴"，这是思念伊人何等的痴情和恒心；"沉舟侧畔千帆过，病树前头万木春"，这是面对贬谪何等的开朗和豁达……语文真正强大之处，在于它的文化底蕴，博大精深，没有任何理由被冷落和放弃。

在《不要糟蹋自己的文化了》篇尾，冯骥才写道："不要糟蹋自己的文化了！任何有文化良心的人，都不能回避这个声音。"没有比将其置于冷场而对文化进行更大的糟蹋的了，请不要回避这个声音！

莫让语文"冷冷清清、凄凄惨惨戚戚"睡大觉，请尽绵薄之力，捍卫我们的语文！

（指导老师　贺海珍）

# 减轻生命的负载

上海市育才中学高二

曾 歌

  鹅和鹤一起在田野上觅食。突然猎人来了，轻盈的鹤很快就飞走了；身体沉重的鹅，没能来得及飞就被捉住了。这是家禽和飞鸟的差别，这是世俗与超脱的差别。丰厚的负载能逞一时之快，却将生命推向疲惫甚至毁灭。负载是金钱、名声、奢侈的生活，还是信誉、信仰？谁是鹅谁又是鹤？

  有些人选择了负载金钱。有一只人人熟知的鹅——葛朗台。连女儿的金匣子都要想方设法占为己有，临死前为了抓金子咽下最后一口气。

他的贪财不知被多少人笑过。背着金子活着，是件很可悲的事情。冬天下第一场大雪，他也许盘算着如何把煤炭卖个好价钱，而看不到宁静的雪景。在家人齐聚的时刻，他谋划着怎样榨取别人的钱财，无法享受亲情的温暖。对钱的渴望和赚到钱的满足感构成了他全部的精神生活。这样的生命沉重而缺少价值，面对世事无常，生老病死，他空手遗憾而去。比尔·盖茨同样有很多钱，比葛朗台的钱多得多，而他却选择了慈善，捐款五百八十亿美元，不给自己的儿女留下分毫。他用这样的方式潇洒地"飞出"了事业战场，远离钱带来的疲惫困扰。

　　负载也可能是别人强加，身不由己。刘翔顶着太多公众的期待，如果没有那次奥运会夺冠，他的人生会不会是另一种样子？奥运会夺冠，他成了全中国甚至全亚洲的英雄，刷新世界纪录，他更被捧成了神一样的人物。接下来从不关注田径赛的人们便把目光聚在了刘翔身上，无论大赛小赛收视率颇高，赢了败了都引得网上热议，他已经不可能回到从前那个为梦想而跑的刘翔。他要对得起的人太多了，当大赛来临，他无法像以前那样的鹤一样飞远。

　　九把刀好像更对得起自己的心，拍电影《那些年，我们一起追的女孩》，完全是为了满足自己的愿望。在演讲中，他说他那段时间特别想写自己的生活，于是在女主人公婚礼之后写下那本书，特别想在原来的场景还原自己的青春，所以拍摄的地点选在了自己的精诚中学。因为特别喜欢陈妍希，所以请她当了女主角。他的作品动人，我们好像能看到他活着的小世界，无论外面人怎么看，都要忠实于自己的心灵。

　　醒悟时发现，原来对生命的热爱，对人生最充分、最深刻解读的人们就在我的身边。

　　一直觉得秋天是最凄凉的季节，直到看见那对老夫妇。已是风烛残年的他们，头发不再浓密，步态不再轻盈，他们各自做运动，目光时而交织在一起。他们默默地盯着看，目不转睛，就像小时候玩的木头人游戏。忽然，老奶奶发出一阵欢笑，夕阳柔柔地洒进他们浑浊的眼睛里，镀上一层年轻的光彩，落叶如蝶飞舞。我突然觉得生命在任何时候都能呈现出一种美丽的姿态！只要有爱，减轻生命的负载，如此安逸的一幕生活场景，对于这对老人来说像一首优美的抒情诗。

残奥会上的那个无臂女孩，给我太多感动。她像被风雨袭击的玫瑰，刚绽放出最绚丽的模样，却又花残叶落，她却似乎毫不介意。摄像机对准她特写时，她调皮地眨眨眼睛，眼里全是赛前的激动，她的眼角微微上挑，禁不住显露笑意，好像早已赢得这场比赛。在她脸上，看不到丝毫阴霾。第二次考级失败，我落寞地想要放弃，但在这个女孩面前，我感到自己的脆弱。人不是生来就要被打倒的，灾难面前，丢下一切包袱，能够乐观地笑着，本身就是种值得骄傲的资本。她对生命的渴望，如一支激越的歌曲，赐人力量。

太多有才气的人被重重的负担压垮，祖冲之受不住封建社会迷信的压迫，放弃科学，走上仕途，凭他的惊世之才只当了个区区小官。发现笑气，证明酸碱里都有氧的科学家在舞会、交际圈、演讲中脱不开身，渐渐远离了科学世界，再也没有发明成就。面对即将到来的负载，有人选择归隐，介子推立下大功，不愿受赏，隐于绵山；刘邦登基后，张良只求分封自己的领地，免去被吕后所杀的风险，范蠡深知勾践可共患难不可共享乐，退居经商，生活安逸。

也许鹤的眼光比鹅高远一些，意识到有猎人来到的危险，因此不储存太多的负担。明智的人知道自己的目的地在哪里，所以狠心扫除甜蜜的障碍，不会被困难羁绊。

如果鹅知道这些，应该也会抽出觅食的时间，努力学习飞翔吧！

（指导老师　张佳文）

# 偷不走的梦想

上海市育才中学高二
陈臻瑗

坐在对面书摊的大爷回来了,手里还有一只黑色的小东西,等戴上眼镜才看清,不是黑色的,是棕色的,一只小昆虫。

大爷把它放在油皮书上,书的封面沾染了光,可以倒映出它的模样,正在很艰难地爬着。

"老了呀!"

"可不是,爬都爬不动了。"

"我们小的时候,总是抓这个去卖,两个三分钱。现在不啦,现在的人，呶，翅膀拔掉，头拧下来，吃这个地方的肉。炸着吃，老贵了！"

大爷把那个年迈的小东西抓在手里，用手敲着它腹部的壳，原来是一只蝉。阳光斜斜地照射，蝉的腹壳是温柔的琥珀色，几条孱弱的小腿在光中划动着。

大爷又回来了。一旁的买书先生问他，他说他放生在花坛里了。

"还想飞上树呢，可惜连爬都爬不动了，翅膀扑腾了两下就不动了。"

不知为何，蝉在空中划动腿的一幕盘踞在我脑中，挥之不去。

在回家的路上，忽然瞥见了窗外的梧桐树，我想起了母亲的外公，我的太外公。

太外公是说书先生，一辈子都是，这是母亲告诉我的。当时我还小，母亲会在饭后牵着我沿着马路慢慢地走。路旁种了一排梧桐树，那时是秋天，梧桐叶打着卷儿飘落下来，落到地上发出脆生生的响。如水的夜色就透过骨感的梧桐树枝渗透了下来，有时可以望见星子，干干净净地挂在天上，沁着凉意。

树上常栖着麻雀。母亲跟我讲，太外公喜欢养鸟，养过会说话的鸟，也养过颜色鲜艳的鸟，但从来不养不会飞的鸟。

太外公从来不剪鸟的羽毛，因为他是如此憧憬飞翔，不能飞的鸟儿对他来说太过残忍。可是会飞的鸟儿又留不住，总是很快就溜走了。就这样，一只只鸟，一场场评书，日子很快就过去了。

直到有一天，他见到了一只铁打的大鸟——飞机——在头顶轰鸣而过，太外公有了生平第一个愿望：成为飞行员。他当年还算壮年，刚结婚不久，于情于理都应该给他一个机会，可是那些戴着红袖章的人告诉他，他的背景不干净！就这样一句话把他与蓝天隔绝开了，永远地。

里约奥运会谢幕了。我想，再过几年，我会忘记这届奥运会的很多事。但我不会忘记，那张亲吻擂台的照片，和那个叫吕斌的小伙子的事情。

吕斌是拳击手，因误判无缘决赛。我对于这项运动不太了解，也不感兴趣，所以没有看这场比赛。但是后来吕斌本人在微博上转发了照片，又配了一句话，让我感到心痛。

他说："裁判偷走了我的梦想。"

突然之间，那只努力想要爬上树的知了在我的眼前栩栩如生。

我还没有体会过梦碎的感觉，但太外公有。我虽然不知道他当时的心情到底是怎样的，但我见过母亲向我诉说时微微颤抖的语气和目光中的淡淡忧伤。

脱口秀女王奥普拉说过："一个人可以非常清贫、困顿、卑微，但是不可以没有梦想。"梦想是支持着人向前不断奋斗、不屈前行的力量。倘若没有梦想，那人就失去了活力的源泉，整天只能混混沌沌地在原地打转，和死去又有什么区别？

没有梦想的日子是毫无生气的，可是梦想被偷走的感觉却是了无生机一般的绝望。

里约奥运会被网友评为历史最差，我想最主要的原因大概就是如此多的误判，多到让人丧失对体育的热情。

单说中国队，就有拳击、举重、击剑项目的误判，更不说其他较小的国家了。我不确定这是不是某种歧视。请不要怪我多想，只因在世界历史上，人们因这样的事情而失去的实在太多了。

古代中国，重男轻女，多少女子失去受教育、受尊重的权利，我们又因此丧失多少人才？一百五十多年前的各国列强就在非洲进行黑奴交易，血三角贸易，让原本富饶的非洲大地一片贫瘠，那里的人们世代被贫穷包裹，饱受歧视。就算在号称开明发达的现代，歧视的问题仍未解决，亚裔的孩子在学校交了昂贵的学费却连基本的午餐都吃不到。这到底会伤害多少个无辜的孩子，又会断送多少纯真的梦？

陀思妥耶夫斯基曾说过，任何战争的胜利都抵不上无辜孩子的一滴眼泪。在我看来，现在的世界仍旧存在着许多的问题。无论是歧视，还是政治较量抑或是经济危机，所有的这一切都不过是没有硝烟的战争。

我也有梦想，梦想有一天，世界和平，人人善良。

我梦想有一天，碧草红叶，绿水青山。

我梦想有一天，梦的王国一片安详，没有病痛的侵袭，没有恶意的目光，所有的美梦都能成真。

没有梦想，你永远无法感知世界的美好和生命的可贵，你永远无法理解坚持对于到达彼岸的重要。

心有梦，身相随，更多人。

这是我的梦想，虽然现在只是一个梦想。但人，总要心怀希望。

（指导老师　朱　静）

# 孤独谈

上海市七宝中学高一 潘裕仁

有关于鲁迅先生的一则逸话，姑且称之为现代童话。有人问鲁迅先生："人的一生最难克服的是什么？""孤独感。"鲁迅先生毫不犹豫地答道。"其次呢？""孤独感。"人们问："再次呢？""还是孤独感。"这使我很诧异。因为鲁迅先生性格倔强，看看他的日记和文章，他的家门庭若市，青年满座，为什么还要克服孤独感呢？

我们知道，世界上最坚强的人倒不乏是最孤独的人。拜伦被放逐他乡，后来为希腊人民争取独立时何等伟岸，但他在作品中所塑造的三个主要人物形象曼伏雷德、哈罗尔德和唐璜却何等孤独，读来令人气短。

在一些偶然和特定的条件下，人在表达情感时，会采用截然相反于通常情况下平常人表达情感的方式。譬如说，人想吃饭，倒先可以绝食。同样的道理，自杀的人往往倒是爱透人生的，不打算理解死亡的人又怎样理解爱。看穿世界的人是不会自绝于人间的，死活一样，还不如活着。又如，人们为了证明沉默的优点，不免会落笔几千言证明沉默的好处。艺术家在一起只能谈钱，商人们在一起却谈缪斯。孤独也是如此。

梭罗有一次忽发奇想，为了观察大自然和人生，据他说，在密西西比州的康克村建了一间小屋，取名Malden pond。他把在那里两年的观察与想法都记录在《瓦尔登湖》中，其中的一段说尽了孤独的好处："我喜欢独处，我发现孤独是最好的朋友。"孤独常被人理解为一种没有人陪伴而产生的落寞感。然而，孤独并非是在自己心情压抑或无人陪伴时产生的。孤独是一种状态，当一个人是孤独的时候，他的思想是自由的，是一种可以宽纳一切的精神状态。于是，人能从忙碌中解脱劳顿，能在静夜里独对心灵，能在晨曦时思考未来。卢梭渴望这样一种"圆融"的状态，这样一种灵魂的放射，也是一种寻求更佳的思考的方式。于是，他选择远离人们的陪伴，他选择了孤独，为的是思想的自我喧嚣。

我们有时看书看得太久晕了脑，想得太多昏了头，不免起一种孤独的感觉，就会想出种种巧法驱散它。逛马路，兜校园，坐馆子，吃美食，找人说说话，总之往人多的地方去，以为孤独感就会消失。水滴滴入溪流，溪流归于大海，那起于毫末的水滴就不会自认渺小了。其实不然，这时水滴更易体验出冷暖寒暑——如果这滴水具有灵性的话。两位远隔千山万水的朋友在他们各自的想象中会有说不尽的话要倾诉，但真到一见面，情形倒会很尴尬，相对无言。互相打听音信吗？这已是过去的事，淡而无味的；表达一下对友人的热情吗？两人本来为消除孤独而聚首，却因初见的沉寂而产生落寞感。也许两人不会一直沉寂，但也许今后的孤独不会如此轻易解脱。"我们彼此间谈着话，却永远不能互相理解"是时常发生的事。两个人在一起说话，一个滔滔不绝，全然不顾对方的情感变化。我们要发问，他们间的距离是在增加还是缩小？

　　鲁迅先生因众人皆醉我独醒而孤独，他为了唤醒人们，作出了无限的努力。然而他在前行的道路上，没有太多志同道合者，他一个人逢山开路遇水搭桥，长久势必孤独。他想消除孤独，他将孤独感融入其作品，或隐或现，将一团巨大的思维冲击之火点燃作品辽远的天空。《孤独者》是鲁迅内心最清晰的映射。所以，鲁迅的孤独与那些真正孤独者一样，不为无陪伴的寂寞，而是对于孤独的彷徨。

（指导老师　周　燕）

## 与历史的对话

| | |
|---|---|
| 像鱼一样的花 | 郑思宜 |
| 聚会 | 杨晏然 |
| 牛娃 | 李武斌 |
| 母亲的土炕 | 戴佳敏 |
| 汝瓷·宋徽宗 | 吴 莹 |
| 与梵·高对话 | 李梦瑶 |

# 像鱼一样的花

上海市包玉刚实验学校十年级

郑思宜

被鸟儿清脆的叫声环绕着,我在温暖的阳光中醒了。"不管过去发生了什么令人悲伤的事情,每天都是一个新的开始,我该用美丽的微笑迎接。"我在每天清晨醒来后,都会默默提醒自己。

吐司的香气弥漫在房间的每个角落,爷爷一定在给我准备早餐。期待地跑出房门,看到两杯冰牛奶和两片双面都被烤得金黄的吐司静静地躺在木制的盘子里。

我们的小木屋在蔓蒂沙滩的附近,那是爷爷用我的小名命名的。温和的阳光从圆形的彩色玻璃窗透了进来，把一幅挂在墙上的黑白相片照得格外显眼。那张相片用朴素简洁的白色相框装饰着，相框上还雕刻着精致的鱼形图案。那是唯一一张我父母和我的合照，在我三个月大的时候，一场暴风雨把他们带去了我看不到的地方……

从小到大，我最喜爱的也是我每天必做的事情就是去海边看鱼。我最喜欢和鱼一起在大海中共舞，它们是那么自由快乐，就像爸爸妈妈以前一样，爷爷因此总叫我"小鱼"。

那是个火热的日子，我在黄昏时又跑去看鱼。蝉在树上不停地叫着，像是在抱怨这像火炉一样的温度。我踏上了灼热得像着了火似的沙滩，时不时地抹去额头上晶莹的汗珠。金色的余晖使无边无际、波光粼粼的大海光彩夺目，像钻石一样闪耀着。大海从天蓝到墨蓝的渐变色与天空互相映衬，美得让人窒息……

我迫不及待地跑到海边，把双腿浸没在温暖的海水里。浪花拍打着岸边，溅起了白雪般的泡沫。我没有在四周找到鱼儿的踪迹，它们一定是躲到凉快的地方去了，所以我往深海区游去，海水也慢慢变凉了，可还是没有我朋友们的身影。我游得更远了。突然，成千上万的白色小点映入了我的眼帘，我终于找到它们了！它们像夜晚在空中闪烁的星星，像芭蕾舞者一样优雅地摆动着尾巴。

我开心地跟着它们，根本没有意识到我已经在从未去过的深海区了，可能离岸有几百米了。我的身体在慢慢地变重，突然想起我已经游了两个多小时了，是时候回家了。当我挣扎着浮出水面换气时，一个大浪狠狠地打在了我的身上，又凉又咸的海水灌进了我的嘴里。恐惧涌上了我的心头，我多么希望周围有人来救我。我再也无力挣扎，被大海无情地淹没了。闪现在我脑海中的唯一想法是："对不起，爷爷，对不起。我真的不该游到这么远这么深的地方。再见，爷爷，我永远爱你……"

玛琳达，我生命中的小太阳，我的一切和唯一，离开了……孤独地留下我一个人。我想念她温暖的微笑；我想念她明亮纯净的眼睛；我想念她身上隐隐约约的茉莉花香；我想念我们在一起度过的每一天。

她从四岁开始就特别喜欢鱼，每天让我陪她去海边辨别不同种类的鱼，这成了她的一部分。她游起泳来灵活得就像条鱼一样，我从未想过有一天她会一去不复返。我把她安葬在离蔓蒂沙滩不远的一个小坟墓里，靠近大海和她爱的鱼。

一天黄昏时，我去看她，大海平静得像一面水晶做的镜子，几艘船平稳地漂泊着。庞大的云团像天鹅绒般飘浮在蓝绿色的空中，玛琳达如果看到……我强迫自己不再想下去了。

"我的玛琳达，是爷爷，我又来这儿看你了。今天过得好吗？我想你应该和你父母团聚了吧……替我向他们打个招呼，好吗？"

我用颤抖的手抚摸着她的照片。

"你记得我们在你八岁生日时看到的那种独特的蓝鱼吗？我找到了一种长得很像它的花，在这儿为你种了一朵，这样它就能天天陪着你了。"

……

我每天都精心照料那朵花，就像我对玛琳达时一样用心，期待着它早点开花。可是都过去两个月了，它还是保持沉默。

在一个又热又闷的早晨，太阳烤着一切事物。我待在家里，担心那朵花能不能生存下来。在黄昏时，一场暴风雨又降临了。倾盆大雨从天上浇了下来，像打鼓一样拍打着窗子。雨停了之后，我马上赶去看它。

空气中充满了海水的咸味。大海轻声低语着，在我路过翠绿色的大树时，它们灵巧的叶子在向我招手。

望向靠近坟墓的路的尽头，我不敢相信自己的眼睛。

那朵像鱼一样的花开了。几滴露水待在它那深蓝色的花瓣上。令人神清气爽的茉莉花的香甜气息飘在空中。那朵花好像对我微微笑着,温暖又美好,就像……

我的眼眶湿润了,我知道她回来了。她回来看我了。

"我的玛琳达回来了。"我笑着轻轻地说。

# 聚 会

上海市民办包玉刚实验学校十一年级

杨晏然

我看着手机里的地址，紧张又激动。

寻找着。

十五年了。

十五年没见了。

脑海里想着的还是那帮称为兄弟的人。

那些年，肩并肩，说好不分离的那些人。

我真的没想到会在这里遇到他。

印象里，最后一次见他是初中毕业典礼上。他很普通，就站在人群中，在台上拿着毕业证书，傻傻地笑，看着镜头。

我已经记不清那时他的脸，还有我的脸。

只记得他是我最好的兄弟，初中三年，我们一帮人什么事都做过，大家大半夜从宿舍溜出来跑到天台上去唱歌，唱那时风靡一时的周杰伦的《简单爱》。

那是十五年前了。

我现在连他是什么样子都不晓得，甚至，不敢想。

我看着他给我发的微信，上面写了一行地址：

"下午三点，我们在×××咖啡厅见吧，叙叙旧。"

那行字看得晃眼。

我攥着手机。

他会不会认不出我？他肯定还是那个样子吧？哎呀，想那么多干吗，不就是以前那个傻小子吗？不，他结婚了吗？他会不会变化特别大，他会不会很有钱，听他的语气有些傲慢……也许他会带着他的妻子来？他的妻子应该不会很漂亮，但是，也许很贤惠很秀气，有可能会带上孩子。哦，也许他已经有好几个孩子了。

我摸寻着，寻找着。

打开咖啡厅的大门，我的手心已有了一层汗，手指甲里湿黏黏的。我把自己的领带扯了扯，清了清嗓子。

我不知道我为什么会这样，不就是见个同学嘛。

我的眼睛一个角落一个角落地寻过去。每个人，每个人身上穿的衣服，每个人的脸，每个人的动作，每个人的表情，甚至每个人手里的手机，我都要和脑海中的记忆比对一下。稍远的地方，也不是，一个角落里，靠着落地窗，一个男人向我的方向挥挥手，我下意识走了过去。

"哦哟。"

我说。

"真的是好久啊，太久不见了。"

我继续着。

男人握住我汗津津的手，说：

"你……来了，我……我也刚到不久，就是……来这儿坐坐，歆……这么久不见了嘛，来聊聊，来说说话。"

他几乎是从牙缝里挤出一句话："哎呀，刘老板，真的是……怪不好意思的，您这么忙，还把您约出来。其实也没什么，就是想跟您……叙叙旧呗……嗯……"他的嘴巴抽搐了，好像笑容不是能控制住的，又好像这种笑，是一种常态了。

我礼貌地笑笑，这下才看得分明了。

他的脸消瘦了，下垂的眼睑像煮熟的基围虾，陷在棕黄色的皮肤里；一丝一丝的纹路在脸上攀爬着，一直延伸到脖颈后面；有点油光的鼻子上，一点点的毛孔裸露到外面，鼻翼像瓢虫在不规则地爬动一样，那样奇怪，那样不自然。我拼命想记起他以前的样子，但就是记不起来。那模糊的轮廓还在，但是五官已经记不分明了，我的脑海里好像有一层雾气，飘着，扩散到我每一个感官。

"唉，哪里哪里。什么老板，我就是上上班，也就是开了个小公司嘛。你知道的，现在留学生中介的钱好赚。"我笑着，拽了拽领带，怎觉得自己喉咙堵得慌，很紧很闷。

"谦虚……"他大声笑起来，仰起头，然后再低下头，手心手背地搓来搓去。

"老板……嗯……那么喝点什么？"他的眼睛飘忽着，让我很不舒服，我总觉得他装作不在看我，但是实际又在一直观察着我。

我讨厌这种眼神。

这种监视的眼神。

"卡布奇诺，就好了。"我僵硬地笑笑，装作在翻看着菜单。

心里想着要是当时专业学戏剧就好了。学戏剧，也许就不会像现在这样，这么露骨的尴尬，或许能活跃一些气氛。

"……"

我两只手捂在杯子上，顺时针地把杯子转来转去。

"最近工作忙吗？"我试着打破这尴尬。

他马上又露出那种看似奉承又有点轻蔑的表情，看着我：

"唉，不怎么忙吗，就是那些活儿呗。看老板脸色过日子，也就一天一天，时间过得真快。"他说完，又低下头，我以为他在看自己衣服的扣子。

我点点头表示回应。

我现在最想做的事情就是赶紧结束这场突如其来的约会，找个借口直接开溜，我想他也不会挽留我。

我突然想起来，我们两个人以前勾肩搭背，走在篮球场上，夕阳拉着我们长长的、歪斜的影子；想起我们被罚站在教室门口，还厚着脸皮咯吱咯吱笑的场景，好像是橙汁浇在了没有结痂的伤口上，又疼又痒又酸。

"毕业以后就没再联系了，也是怪可惜的。"我说，挠挠头发。

"是我不好，和你们都中断了联系。高中那会儿，我们全家移民到美国，我和我爸也因为一些事情吵翻了，一气之下我就断了你们的所有联系。一开始好像要在美国这个地方重新活一遍一样，现在想想当时真的是年轻气盛。"我沉了口气，说道。

"嗯……是……"他抬头看了我一眼，然后再慌忙地躲开。

我突然笑了，笑得很放肆。我也不知道我是为什么笑，有可能是为他的胆小，突然的懦弱胆怯，对我的疏远。

我也不知道。

"你还记得吗？那个时候我们几个人总是在放学的时候到操场旁边那个小的体育器材室里面偷拿篮球，跑到房顶上去打。为这件事情，朱老师把我们批了一顿，然后我们晚上还戳破了他老自行车的轮胎。"

"是啊，涣，你知道吗，我不久前去看过朱老师。"

"是吗？老先生现在身体怎么样？"

"瘦极了，身体不好，患病。"

"什么病？"

"肺病，他一直肺不好。"

"哦……"

我低下头，看着手里的咖啡一圈一圈泛着糖衣，苦涩又香浓的味道散开，我解下围巾。

"老板……"他沉默了一会儿，开口道。

我有点吃惊，又有点生气。

"别这么叫我。"我想着，他现在就是叫我一声"喂"也好啊。

"咳……您……好……您真的客气咯，真是的……嗯，那个……现在这趋势……唉其实……最近手头……有点紧……您知道的……现在这趋势……我辞职了……想和朋友搞一个粉刷的小公司，想从最底层做起，就是……我们几个人把自己的储蓄都拿出来了……还是差了一点……"

我的手突然麻掉了，好像千万只蚂蚁在骚动。

"还差多少？"

"大概……三万元。"他低着头，有着一个三十多岁男人不应该有的懦弱，我觉得虚伪。

"我打你卡上吧。"

"天啊，谢谢你老板，您真是……真是活菩萨……我……等我赚到钱……我肯定会还给……真的……真谢谢……"我看他眼里泪水都要滴出来了。心里却空空的。

买单的时候他抢着付钱，一声声老板老板地谢我。

我尴尬地笑笑，我突然发现自己嘴巴是干的，那一杯咖啡我都忘了喝。

告别的时候，我们只是互留了手机号码。他说，有什么事情需要帮忙一定要联系他。

"我什么忙都愿意帮你。"

这是他说的最后一句话，然后转身走了。

我目送着他的背影，渐渐消失在长长的路上。

我回到那间小屋子。

那间位于路边的小餐馆。

餐馆的名字已经泛黄，油漆也脱落了。

扑面而来的油烟味令我作呕，但事实上我也应该习惯了这一切。

"唉！你……赶紧回去帮忙。今天餐厅客人都没有，也不知道是什么鬼日子。好了好了，你也别人模狗样的了。哟，今天怎么还套西装呢，装给谁看呢真是……赶紧的，去把厨房里的碗洗了。晚上别忘了还要值班呢。"肥头大耳的中年男人是这家餐厅的老板，大声对我吼叫，我抹了抹他喷在我脸上的唾沫星子。

我早习惯了。

# 牛　娃

湖南省安化县乐安镇浮青中学

/李武斌

秋天。

没有阳光。

牛娃躺在草地上，双手叉着垫住后脑勺儿，一条腿翘起来，搭在另一条腿上，轻轻地有节奏地摇动着。

一个春天，又一个秋天，野草出尽了风头，此时，它们是那么安静，却又那么落寞。一棵接一棵，紧紧地抓住这片坡地，似乎只要稍一松劲，就会滑落坡底。

大水牛在一旁悠闲地啃着这即将枯萎的野草，尾巴一甩一甩的，每一下都那么随意，却又带着某种不可推测的意念。

一团乌云滚过天空，那么缓慢，那么沉重。

牛娃看得出了神。

牛娃坐在一个宽敞明亮的教室里。

他一会儿摸一摸光滑的新课桌，一会儿用屁股坐一坐舒服的座椅，一会儿把新书抱在怀里，亲了又亲，吻了又吻。

同学们陆续走进教室，在各自的座位上坐下来，翻开课本，高声诵读。

牛娃的眼睛如一架摄影机，缓缓地扫过教室的每一个角落，每一件设备，每一个同学的脸庞。学校的新奇写满了黝黑的小脸。

牛娃笑了……

牛娃翻了一个身，下意识地搔了搔背。嘴角的笑容如橱窗中陈列的蜡质蜜桃，永远那么光鲜。

牛娃侧头望了望远处的山。

褪了翠装，山的风韵十足的肌肤就裸露在牛娃的眸子里。流连迷离，如一袭轻纱，绕在山的胸部，倍添了几分诱惑。

然而，这终究是将死的青春。

黄昏，一片灰暗。

牛娃的爹坐在自家的堂屋里编筐。一根竹篾在他手中柔顺地绕过来，又绕过去，稳稳当当缠在了竹筐的架子上，而竹篾的另一头，仍在调皮地颤动。

牛娃躺在山坡上，他隐隐约约看到了一双拐杖静静地卧在他爹的凳子下面。

夜深了，牛娃和娘在灶前烤火，弟弟在微弱的火光下温习功课。

他们在焦急地等待。

火光在娘的脸上跳跃，似乎是炫耀，也似乎在预告什么。

娘饱经风霜的脸上堆满了焦愁。

爹上山采药去了，现在还没有回来。

一元钱一斤的山药，爹有时一天就能采十几斤。

平时，爹早就背着药材回来了。娘跑上去接过竹筐，放到阁楼顶上。牛娃忙着给爹倒水。

牛娃和娘进了山。

牛娃拎着比萤火虫的光稍大一点的手电筒走在前头，娘跟在他后面。他听见娘的喘气和求菩萨保佑的声音。

牛娃的心咚噔咚噔跳了起来。

他很害怕。

一丝丝寒意侵入他的脑门儿。

他一阵阵颤抖。

山风摇着树枝，窸窸窣窣地响。牛娃的眼前冒出一条又一条黑影。

山下，村民们的灯火渐次熄灭了。

"爹，你在哪儿？"他喊。

"爹，你在哪儿？"另一个声音也在喊，是回声。

爹回来了。

第二天下午，几个邻居用大竹椅抬着他。

看到爹满身血污，牛娃和弟弟失声痛哭……

牛娃隐隐约约听到了哭声。

邻居家的两个孩子在坡下的空地上争抢玩具。

牛娃笑了。

牛娃的弟弟在镇上上中学。

牛娃去看过他。

牛娃很羡慕弟弟，但他更为他自豪。

小学时，牛娃和弟弟在同一个班。

兄弟俩都很用功。但是，每一次考试，无论牛娃怎么努力，总是比弟弟少几分。

牛娃觉得弟弟比他聪明，弟弟是文曲星。

爹躺在床上呻吟。

娘在堂屋里斩猪草。

牛娃在烧火。

弟弟在火光下看书。

猪在栏里拼命地叫。

牛娃的心，被大火烤着。

牛娃选择了退学。他觉得自己是哥哥，理该如此。让弟弟继续上学比自己有前途，他想。

娘流着泪劝他，可牛娃执意要退。最后，娘还是答应了。

娘没有办法。家里的欠债是一个天文数字。

娘万分歉疚……

牛娃躺在山坡上，哼着不知名的调子，牛在一旁吃草，尾巴轻轻地一甩一甩。

一个阳光明媚的早晨，雾气还没有收尽，街道两旁的树木在晨曦中笑出了晶莹的泪珠。

牛娃穿着新鞋，大摇大摆走在大街上。

大街两旁是商品琳琅满目的店铺。

街道上车水马龙，川流不息。

牛娃的目光被各种光怪陆离的颜色粘住了，怎么扯也扯不开。

牛娃的身体好轻盈。

牛娃的心在飘，飘，飘。

飞！

牛娃终于生活在了这个梦想中的大都市……

牛娃站起身来。

夜色渐渐深了。坡下的灯火如精灵的眼睛在眨呀眨。

牛娃的心突然亮堂起来。他觉得坡下的灯光是那么遥远。可他很满足。

该回家了。他把牛牵过来。

大水牛的肚子咕咕地唱着欢歌，似乎告诉主人，今天吃得好饱。

牛娃牵着牛，一步一步往回走，每一步都用尽了全身的力量。

夜，更深了，没有月亮，也没有星星……

# 母亲的土炕

江苏省宜兴中学高三
戴佳敏

乡下老屋那条黑得如炭的土炕，逐渐被岁月雕蚀得起伏不平，像是一条走不完的路，上头是我用年轻的脚掌踩出来的洼地，又似乎是母亲用粗糙的大手垒出来的。母亲日夜在土炕上劳作，累了也靠在土炕上休息，土炕像是她的依靠。而生来我便觉得我与土炕脱不了关系，也与这乡下的土路、乡下的树、乡下的风土人情脱不了干系。因为我生在土炕，也长在土炕。

母亲日渐苍老，她愈加离不开土炕了。有时想邀她来城里住，她推托晕车不去。我知道,这是与土炕相伴的时间长了,从内心深处自发涌动的一种感情。母亲找到伴侣,相伴到老,让我欣慰。于是我想她时,便回到土炕。

土炕的夜,显得格外寂静。从前我与母亲并肩睡,肩膀顶着肩膀,睡得拥挤;而今我长大了,加上母亲为她老来的不自觉的呼噜声难为情,她便强按着我到她脚跟处去睡。我拗不过她,便索性抱着她枯树皮似的脚。脚底的老茧扎我的脸,我却自顾自地贴着,像是一条首尾相接的龙。窗外的月亮像是一只巨大的灯笼,将它的光亮统统洒向土炕。我坐起了身子。

由于窗檐是水泥砌成的,油光发亮。高大威武的柏树将它的伞顶伸过房顶,只留下一小段粗壮有力的虬枝,被窗户如相框一般裱着。我目睹了它的成长,仿佛看到了我自己。伴着我长大,母亲的容颜老了许多。

我问母亲为何不离开这里,母亲默然无语。良久,她讲了一件事:

深秋的一个黄昏,一个小姑娘在街上快步走回家,风吹得她直缩脖子。一个在地上哭泣的婴儿引起了她的注意,她刚刚被她的父母遗弃在这里。姑娘二话没说,将她带回自己的家。

这是一个比想象中还要残破的房子,四堵墙便是它的所有。墙角放着的半碗米和一口铁锅是全部家当。尽管这样,一家人仍热情地欢迎了那个婴儿。她睡在土炕上,心里有了从未有过的温暖。

"那你一定就是那姑娘。"

母亲却笑了:"不,我是那个婴儿。"

"从我刚有意识时,我首先感受到了通过土炕传来的这家人的爱。从此我认定,土炕是我第二个家。"

我从有些惊愕转而望向母亲漆黑的双眼,仿佛这其中折射出了感恩的光芒。

第二天清晨我被鸟鸣声唤醒时,看见炕头上摆着稀饭和咸菜,我知道母亲下地去了。想起前几日母亲时常喊腰疼,我顾不上吃饭,扶着门框望向远处的田地,母亲果真扶着腰一手在那儿挥锄。

没有穿鞋，我就径自跑进田里。绿油油的麦苗在我的身旁擦过，我没太在意。我拉开那个努力劳作的身影。

母亲笑道："你现在知道我不离开土炕的原因了吧？看看你周围，这麦苗，让我切实体会到了生命的存在。"

我这才向四周望去。身处麦田的腹地，俨然被青色包围。风吹动麦苗，整个麦田都活了过来，霎时如波涛在涌动。麦浪一阵接一阵，整片麦苗都在"簌簌"歌唱，宛若生命在律动。

我为这壮阔的气势叹服。母亲朝我微笑着，我明白了土炕所带来的生命的希望。

回到炕上，母亲照旧忙碌起来。我看着心疼，便小心地问道："妈，你想爸吗？"

母亲始终没有说话，我很后悔说错话。就在我暗暗自责时，母亲却破天荒地说了一句："我每天都想他。"

这一句话母亲讲得不冷不热，我听不出母亲的语气。正在我思量着该如何接话时，母亲又说："这土炕是我和你爸结婚时，你爸因为买不起首饰而砌给我的。"

我环顾身上坐着的土炕，寒酸简陋，顿时为母亲感到不平。没想到母亲却乐呵呵地说道："虽然没有首饰，也没有新房，可是我就是觉得这土炕最让我踏实。即使这土炕再破旧，也是你爸的心意。况且，还有你呢……"母亲幸福的样子好似初恋，我知道那是对家的守候和对亲人的珍惜。

土炕像是一位结实的汉子，扛着母亲的生活；又似一叶小舟，载着母亲无数的梦。而我知道，母亲与我分享的一切，似乎具有一种魔力，牵引着我来到土炕的身边，聆听生命的真谛。生来我便觉得与土炕脱不了干系，事实确是如此。感恩地看待生活，珍爱自己的生命，用忠贞而细腻的内心去守护家庭，皆是如今我对生活的感悟。

# 汝瓷·宋徽宗

浙江省绍兴市第一中学高二

吴 莹

　　你说你最爱那久雨初晴的天空。碧空如洗，纤尘不染。远云浓，水溶溶。一抹淡淡的青色在天边肆意渲染，若有若无，时隐时现。

　　这该是天青色吧。你低眉敛目，漫吟细诵，在字字珠玑里，有着你一点点得意，些许踌躇。

　　一声令下，几代窑上的焦头烂额，多少次品的支离破碎，成全了我，一抹属于你的天青色。

　　日日夜夜，我以最美的姿态立上你的书桌，怀抱怒放的水仙，在冬日猎猎寒风中，窥视你的情怀。

汝瓷，那是你在轻轻唤我。那是两个陌生的汉字，但我固执地认为那是最好的。

因为，你是我的帝王。

还记得你一笔一笔描摹着鸭戏萎蒿的春色，还记得你一字一字斟酌着闺中少女的娇羞。还记得你挥毫泼墨，洋洋洒洒书写你的瘦金楷体，还记得你精雕细琢，仔仔细细勾勒你的"天下一人"。吟诗、作画、饮酒、赏月，我宁愿相信这是帝王生活的全部。俯仰之间，四目相对，我看见你满含赞叹的目光，对我，这一抹天青色。

我以为，我们就将这样长久对望下去，不论林花谢了春红，是怎样的匆匆。

只是不久后，你走了，这座宫殿不在了。再后来，这座城池也淹没在黄河的怒涛里。

然而，我还在。历经千年如故的，是那抹永恒的天青色。

历经千年，眼前的世界早已变得目不暇接。从沉鱼落雁的釉里红到闭月羞花的青花蓝，从雍容华贵的珐琅彩到清新怡人的粉彩瓷，你曾钟爱的天青色早已成了后代窑工难以复制的经典。

而我，被摆在一代代帝王的案头，在手里把玩。直到天朝上国的幻梦化为泡影，我在惨淡的月色里仓皇出逃。

哪个窑工还在探寻天青色的秘密？哪位志士还在嗟叹宋徽宗的悲剧？地球上空，再也看不到那片如画的天青色了吧。

此时，我端坐在海峡彼岸安静地想你。年华流转，光阴穿梭，孩儿枕，《听琴图》，当工作人员将我们放在一起代表宋朝，我看到了你，你那越过宋朝烟雨的脸庞。

舞蝶迷香径，翩翩逐晚风。当所有书法家秉承"善藏锋者成大器"的古训时，你选择了，特立独行，锋芒毕露的瘦金体。终于，你等来了你的悲剧。靖康之耻，客死他乡，你心中永远的痛定格在北宋无始无终的痛。

也许真的不是你的错。你本不可能像秦皇汉武一样运筹帷幄，像唐宗宋祖那样治国安邦。

也许，你本就该是与米芾齐名的书法家，你本就是与范宽比肩的画家，你本就该是与柳永争锋的词人。

徽宗，下一世，我愿与你相逢在人间盛唐。高台亭下花雾里，往来舟楫水云中。你固守着你的琴棋书画，我珍爱着我的清浅光芒，在你痴情的山水天地间，相拥而老。

# 与梵·高对话

上海市建平中学高一
李梦瑶

我站在那幅画前。

《向日葵》。盛开在大地的太阳。

那些挤在一只瓶里的花朵,有着强壮的茎秆和硕大的花盘。深深浅浅交错织成的黄色暖调,竟是如此天真而又华丽的色彩。它们像燃烧着一把火,绚烂了整片天空。

渐渐地,在这一大片美好的金黄色中,我迷失了自己。我听到了涅瓦河平静淌过的声音,看见了奥维尔镇的大片麦田,以及那个有着红色头发、满脸雀斑、潦倒至极的男人。

他正在用画笔涂抹着什么,手指的关节被颜料染得很脏,他身上的衣服早已破烂不堪,夹杂着朗姆酒、颜料与面包的气息。

我突然间想到人们对他生平的记述。他生命的最后几年饱受精神病的折磨,而他所有传世的佳作,也恰恰诞生在这几年。

梵·高,梵·高,告诉我,究竟是怎样的力量,让你永不停息地画着直至生命的最后一刻。

他激动地挥舞着画笔:"你不明白,这天地间的一切,我们都怀着感恩的心接受。但是,仇恨、嫉妒、贪婪让你的心变得污浊,你无法感受到那些美好。那么,画吧,尽情宣泄你的所有!"他指了指画布,那是一株没有画完的向日葵:"告诉我,孩子,你看见了什么?"

我沉默了很久,吐出两个字:"生命。"

他笑了,抓了抓乱蓬蓬的红发:"人们如果能真诚相爱,生命,将是永存的。"

这时候,麦田,有风吹过。

我看见他的左耳处有绷带,血迹斑斑。我知道那个故事,为了兑现一个玩笑似的赌约,他割下了左耳,送给了那个妓女。

你心中的痛苦,没有人知道。当一幅《没有胡须的梵·高》以七千一百五十万美金卖出时,举世震惊,欢声雷动,而这一切与寂寞的你毫不相干。

梵·高,贫病交加中,你为何依旧不愿放弃?

我看见他黯淡的面孔,可他的双眸有着坚毅的光辉:"画画,是我永不动摇的信念,我以生命的赌注作画。"

难道,你竟不畏惧死亡?

他停顿了一下画笔,又继续调上新的色彩:"只要活人还活着,死去的人总还是活着。"

他是背对着我的,但我有理由相信,那一刻,他在微笑。

我决定不再打扰他，当我走出很远时，我听见了枪声。

一群麦田里的乌鸦被惊起，我转身，他已被麦田淹没。

矗立在画布上的，是疯长的向日葵。

景物一点点淡去，我揉了揉眼睛，梵·高的向日葵依旧骄傲地盛开着。

我突然明白，涂抹在画布上的全是生命的血肉，唯有如此，才能永恒。

远处传来的，是他最后的呢喃："即使把我放在火柴盒里，我也是无限空间的主宰者，因为我手中的笔，为爱而生。"

（指导老师　杨　永）